休闲体育校企合作探究

武琳娜 支 子 ◎ 著

吉林出版集团股份有限公司

版权所有　侵权必究

图书在版编目（CIP）数据

休闲体育校企合作探究 / 武琳娜，支子著. -- 长春：吉林出版集团股份有限公司，2024.2

ISBN 978-7-5731-4659-5

Ⅰ．①休… Ⅱ．①武… ②支… Ⅲ．①文娱性体育活动—体育教育—教学研究 Ⅳ．①G807

中国国家版本馆CIP数据核字（2024）第049376号

休闲体育校企合作探究
XIUXIAN TIYU XIAO QI HEZUO TANJIU

著　　者	武琳娜　支　子
出版策划	崔文辉
责任编辑	侯　帅
封面设计	文　一
出　　版	吉林出版集团股份有限公司
	（长春市福祉大路5788号，邮政编码：130118）
发　　行	吉林出版集团译文图书经营有限公司
	（http://shop34896900.taobao.com）
电　　话	总编办：0431-81629909　营销部：0431-81629880/81629900
印　　刷	廊坊市广阳区九洲印刷厂
开　　本	710mm×1000mm　　1/16
字　　数	220千字
印　　张	13.5
版　　次	2024年2月第1版
印　　次	2024年2月第1次印刷
书　　号	ISBN 978-7-5731-4659-5
定　　价	78.00元

如发现印装质量问题，影响阅读，请与印刷厂联系调换。电话：0316-2803040

前　言

随着社会的不断发展和人们生活水平的提高，休闲体育作为一种重要的生活方式逐渐受到人们的关注。同时，教育和企业也在寻求更紧密的合作关系，以更好地培养适应现代社会需求的人才。在这一大背景下，休闲体育与校企合作的结合成为一个备受关注的领域。

休闲体育的概念并非仅仅停留在传统体育锻炼的层面，更是包括了人们在业余时间通过各种方式进行的体育活动，如健身跑步、羽毛球、瑜伽等。随着城市化进程的加快和生活压力的增大，人们对休闲体育的需求逐渐增强。休闲体育不仅是人们日常生活中重要的娱乐方式，更是一种促进身心健康的有效途径。随着生活水平的提高，人们对于健康和生活质量的追求也越发显著。休闲体育的崛起不仅带动了相关产业的发展，更使得休闲体育成为学校教育和企业发展的重要组成部分。校企合作作为一种创新的教育和产业发展模式，逐渐在全球范围内得到推广和应用。学校通过与企业之间的合作，可以更好地将理论知识与实际工作相结合，为学生提供更为全面和实用的培训。与此同时，企业也能够通过与学校的合作获取更具潜力的人才资源，实现双赢。校企合作在促进产学研深度融合方面发挥了积极作用。休闲体育产业的不断发展需要更多的科研支持和创新。通过校企合作，学校可以参与到企业的实际项目中，深度融入产业发展的实践中，为休闲体育领域的研究提供更多的实际案例和数据支持。

鉴于休闲体育与校企合作的双重重要性，本书旨在深入探究休闲体育领域与学校、企业之间的合作机制、模式以及双方在这一合作中所能取得的共同利益。通过对这一领域的系统研究，我们期望能够为促进休闲体育事业的发展、推动校企合作模式的创新提供有益的理论支持和实践经验。

由于笔者水平有限，本书难免存在不妥甚至谬误之处，敬请广大学界同人与读者朋友批评指正。

目　录

第一章　休闲体育概述 ·· 1
第一节　休闲体育的概念与特征 ·· 1
第二节　休闲体育的基本内容与分类 ·· 17
第三节　休闲体育的文化内涵 ·· 23
第四节　休闲体育的价值与功能 ··· 27
第五节　休闲体育与终身体育 ·· 35
第六节　休闲体育的建设原则 ·· 37
第七节　休闲体育的注意事项 ·· 41

第二章　休闲体育运动的主要分类 ·· 44
第一节　中华民族传统休闲运动 ··· 44
第二节　一般户外休闲运动 ·· 48
第三节　极限休闲运动 ··· 56
第四节　滨海休闲运动 ··· 60
第五节　冰雪休闲运动 ··· 66
第六节　静态益智休闲运动 ·· 69

第三章　休闲体育的社会功能与社会发展 ··· 75
第一节　体育教育与人类需要 ·· 75
第二节　休闲体育实践与民族文化休闲 ·· 76
第三节　休闲体育的兴起 ··· 78

第四章　休闲体育运动实践所需理论知识 ··· 93
第一节　参加休闲体育运动所需的营养学知识 ···························· 93

第二节　参加休闲体育运动所需的运动损伤学知识……………99
　　第三节　参加休闲体育运动所需的医疗卫生知识…………………108
　　第四节　特殊环境和不同季节休闲运动与营养的科学规划………116

第五章　休闲体育校企合作概述……………………………………126
　　第一节　校企合作的内涵和特征……………………………………126
　　第二节　校企合作的内容和原则……………………………………131
　　第三节　休闲体育实行校企合作的重要性…………………………136

第六章　企业参与休闲体育教育的体制机制………………………141
　　第一节　企业参与休闲体育教育的关键制度要素…………………141
　　第二节　关键制度要素视角下的校企合作困境……………………147
　　第三节　我国企业参与休闲体育教育的困境与突破………………149
　　第四节　企业参与休闲体育教育的关键体制机制建议……………156

第七章　校企合作的长效运行机制建设……………………………160
　　第一节　理事会日常工作机制………………………………………160
　　第二节　校企"双师"双向交流机制………………………………163
　　第三节　校企实践基地共建机制……………………………………169
　　第四节　共建校企双向服务机制……………………………………173
　　第五节　校企合作就业机制…………………………………………179
　　第六节　校企合作激励机制…………………………………………182
　　第七节　人才培养质量评价机制……………………………………185

第八章　休闲体育教育校企合作的管理工作………………………189
　　第一节　休闲体育教育校企合作的教师培养………………………189
　　第二节　休闲体育教育校企合作的学生管理………………………199
　　第三节　休闲体育教育校企合作的运行管理………………………204

参考文献………………………………………………………………208

第一章　休闲体育概述

第一节　休闲体育的概念与特征

一、休闲时代的来临

休闲是人类社会一种十分古老而重要的活动形式，是人类生活的组成部分。社会越富有，人们的休闲时间就越多。休闲是一个国家生产力水平高低的标志，是衡量社会文明的标尺，是人类物质文明与精神文明的结晶，是一种崭新的生活方式和生命状态，是与每个人的生活质量息息相关的领域。在经济发达的国家和地区，休闲已经成为个人及其社会的生活方式的重要组成部分，成为一个人每天都必须面对并且认真策划的事情。

回顾历史，实际上并没有出现过世界范围内的真正意义上的休闲时代。古希腊人的休闲生活作为一种理想状态，是建立在奴隶阶级提供非自愿服务的基础上，少数希腊人依靠奴役大多数人而享受休闲，但由于政治与经济环境的不稳定，贵族阶层也并非无忧无虑。正如亚里士多德所说："斯巴达人无法享受真正的休闲，因为他们害怕那些做粗工的奴隶起来暴动。"中国古代能过所谓"休闲"生活的人也是极少数的，如春秋战国时期的游侠和食客、魏晋南北朝时期的隐士，在他们貌似潇洒的生活背后背负着沉重的精神压力。个别和某些阶层具有休闲形式的活动，并不代表社会整体具备了休闲的条件。

到了 20 世纪下半叶，许多国家的经济生活水平有了明显提高，人们花费在工作和家务劳动上的时间不断减少，社会发展出现了这样的问题：如果不愿意增加失业人口，只能缩短所有工人的工作时间，增加闲暇时间。在发达国家，人力资本投入与劳动力素质的差异形成了经济福利的差别，从而造成人们在休闲行为上的分化，即出现了先以休闲为生活中心的群体和仍然停留在以工作为中心的群体。休闲服务业主要针对那些在事业上已经有所成就的个人和群体，一部分人率先过上了高质量的休闲生活，并把一些高消费的体育运动项目作为休闲娱乐的内容。随着工作时间的相应减少，共同分享工作的时代已经来临。在法国、德国这样的欧洲国家以及在芬兰、瑞士这样的人口小国，分享工作已被普遍接受，休闲的行为变得越来越普及。

当人类走到 20 世纪末，越来越多的国家面临着新选择：要么继续维持现有的工作时间使越来越多的人失业，要么不断减少工作时间倡导人们积极休闲。显而易见，人类的可持续发展之路是增加全体人类的闲暇时间，并且在这个越来越重要的领域里从事越来越多的精神生产、身体锻炼等各种活动。休闲的问题，成为社会关注的热点，人们意识到，休闲很可能成为下一个时代的特征。

休闲表现为个人或集体的积极实践，伴随着这些实践的扩展及其所需基础设施的增加，休闲业已成为一个重要的社会现象。假期越来越多，每年外出度假的人越来越多，利用周末和短期假期外出游玩的人数的增加更能说明休闲的热潮滚滚。体育休闲娱乐活动发展速度惊人，自发参加体育活动的人数难以统计。在发达国家，人们通过休闲来实现自我追求的目标，越来越多的人用属于自己支配时间的多少和能否从事自己感兴趣的事，来评判其生活质量。随着工作时间不断缩短，多种公共性的、私人非营利性的、商业性的休闲场所和设施日益增多，使人们能参与各种各样的休闲活动，体育娱乐在人们的休闲生活中占据越来越多的份额。

休闲时间的增加给人们带来更多的从事各种自由活动的机会，因此未来的生活将给人们带来这样一个问题：如何打发这越来越多的空闲时间？尽管人们从事体育活动的理由是多种多样的，但多数人从事体育活动是为了"找寻快乐和解闷"，也有人是为了"提高身体素质""同朋友和伙伴交流"以及"增加同家人的接触"等。可以看出，在高度现代化的社会里，寻求愉快感觉、消磨打发休闲时间是人们参加体育活动的主要目的。

由于休闲更加强调个人的自由自在和自愿自主，因此，在休闲活动中个人的选择和以个人意愿为主的组织形式必然会成为主流。体育的活动方式以及组织形式的多样性决定了它在休闲领域的地位，所以，休闲体育将必然成为人们休闲活动的首选。

信息革命的结果使工作时间在人一生中所占的比率越来越小，而休闲、娱乐、享受的时间越来越多。新技术可以让人们将生命中超过一半的时间用于休闲，休闲的地位将会进一步突出，人们的休闲观念也将发生本质的变化。通过互联网有些人可以在家里工作，免去了上下班的舟车之劳，甚至所有购物需求都可以在家中解决，部分人还可以在工作中休闲，在休闲中工作。休闲时代离我们越来越近了。

二、休闲的特征及构成要素

（一）休闲的特征

对于休闲的认识和理解，不同的文化有着不同的解释和表达，但对其本质的追求依然呈现出同一性。胡伟希认为，休闲是一种生活方式，同时也是一种人生境界。他对休闲的特征做出了如下归纳和阐述。

其一，超越性。超越性指对当下生活的超越。我们平常人都生活在一个当下的世界里，所谓当下的世界还不是指"现时"，而是指我们的行为、思想，乃至于理想等，常常都受"眼前"的东西所限。休闲哲学要求我们在确立人生目标时，要具有超越性，要超越眼前的一些事物，强调人生活的高级精神性追求与享受，而一个人的生活内容愈具有精神性，则愈具有超越当下生活的性质。

其二，主体性。休闲与其说是从外部世界获得一种满足，不如说是人的内心世界的一种追求。人不是被动地接受外部环境的决定，而是由我们的内在精神去驾驭环境。在这方面，充分显示出人的主体性。休闲哲学要强调的就是在生活目标的设定上以及人的行为方式的选择上，人所具有的这种主体性。而有无主体性，正是人区别于动物之所在。在价值追求上，主体性的强弱也正是不同的人生境界得以划分的重要标志之一。

其三，日常性。休闲哲学不同于一般的人生哲学，在于它要将种种的人生理想、追求以及价值体现于日常生活世界。就是说，对于休闲哲学来说，它不是空谈哲理，而是透过人的具体生活，比如他的行为模式、生活内容以及行动风格等等，来展示他的人格理想和生活价值。故休闲哲学追求的是理想与现实的合一以及知与行的合一。它的价值目标具有超越性，而其人生理想的实现，却又处处体现或表现为当下性。

其四，体验性。休闲哲学强调人生是一种体验。休闲哲学所追求的休闲，与其说是一个关于生命的广度概念，不如说是一个关于生命的深度观念。生活的质量是由生命的内在体验所决定的，正是借助于体验的丰富性这个概念，我们常常能超越日常生活表面上的平庸无奇。也正是借助体验性这个概念，我们才能体会生活中人性的美。体验性根源于个体生命的独特性。应当说，任何意义世界的发现，以及生命本质的发现，都是同人这种独特的感受性体验分不开的。因此，体验性不仅是衡量生活质量高低的指标，也是人的生命价值的重要参数。

从上面的阐述中我们可以看出，这是一个十足的理想模式，休闲要超越制约我们的各种束缚，体现人的精神世界和价值，寻求生活的质量和美的体验，表达出了我国传统哲学思想的追求，即君子忧道不忧贫的精神，返璞归真、顺应自然的境界，随缘人生、淡泊名利的平常心态。

冈特则从现代社会的精神和意识角度对休闲进行了阐述。他认为，休闲的特质应包括如下几个方面。

选择：休闲选择包括选择接受参与某种活动时会有的限制和规则，但供选择的项目总是多种多样的。

自足：休闲的意义主要在其自身，具备自身意义的独立完整性。

高度投入于享受：活动应足以影响参与活动者，使其完全投入。

忘记时间流逝：一时意识不到时间的存在。一些人坚持认为，这才是最能体现休闲价值的状态。

奇妙幻想：与乏味的日常生活暂时脱离。休闲在某种程度上创造了一个独有的世界。

创造性：创造新事物的可能性。

自发性：自发的开放性的反映，而非受情境制约的规定性活动。

事实上，冈特描述的是休闲活动参与过程中应该具有和保持的各种心境和状态。换言之，在冈特的眼里休闲活动应该让人感到十分享受和满足，能够使人在活动中忘却时间，超越现实而且深情地投入，并要在活动中充分地展示自己，表现出个人的创造能力等。在现实生活中，一次休闲活动完全具备这些内在特质并不那么常见，或者它仅仅只是休闲活动的理想模式，反映了一种对休闲内涵的理解。

（二）休闲的构成要素

根据前面我们对休闲概念的理解和解释可以看出，我们在定义中并没有提出诸如自由时间、非工作活动、自由感、活动方式等概念，但却包含了这些概念所能提示的内容，即休闲总是在空闲时间里，相对自由地选择做自己喜爱的事情或者从事自己喜爱的活动，以满足个人的愿望，获得良好的心态和感受。根据对休闲这一概念及其内涵的分析可以得知，休闲至少由这样几个要素构成：自由时间、活动方式、精神状态、经济能力、活动空间。从前面对休闲的认识和理解来看，这几个方面的要素实际上也是从不同的角度来反映休闲的构成内容。

1. 自由时间

这个时间是指个人可以随意支配和使用的时间，亦指（生产性）工作和生活（生理的）必需时间以外的空闲时间。由于人的任何活动都是在时间中进行的，因此，自由时间成为休闲活动十分重要的前提条件之一。

马克思说："自由时间就是可以自由支配的时间……这种时间不被直接生产劳动所吸收，而是用于娱乐和休息，从而为自由活动和发展开辟广阔天地。""但是自由时间，可以支配的时间，一部分用于消费产品，一部分用于从事自由活动，而这种自由活动不像劳动那样是在必须实现的外在目的的压力下决定的，这种外在目的的实现是自然的必然性，或者说社会义务……怎么说都行。"从马克思的论述中我们可以得出以下认识。

第一，自由时间是一种活动者自己可以自由支配的时间。

第二，在自由时间中所从事的活动不是由于任何外在压力、目的和义务，而是出自自我目的的活动。

第三，自由时间所从事的活动不是生产劳动，主要是娱乐和休息。

当然，自由时间并不完全等同于休闲时间，因为，自由时间这一概念主要体现了活动主体对于这段时间所具有的社会权利，并不能完全表达时间耗费的目的和方式。所以，我们在后面将使用一个专门性的时间概念——休闲时间。这个时间概念完全表明了时间的性质及其使用取向。

2. 活动方式

休闲活动总是以某种方式来进行的，由于人们本身的爱好和兴趣，以及能力的差别，即使是休闲活动，通常也表现出个体的特征。所以，休闲的活动方式是多种多样的。如果要对休闲的活动方式进行定义的话，那么它只能被定义为："在尽到职业、家庭与社会职责之后，让自由意志得以尽情发挥的事情，它可以是休息，可以是自娱，可以是非功利性的增长知识、提高技能，也可以是对社团活动的主动参与。"

可以看出，休闲的活动方式可以是做任何事情，是在自由意志下随心所欲的自由活动，这种自由活动不像劳动那样是在必须实现的外在目的的压力下决定的，而是以活动者的爱好和兴趣为内驱力的。

3. 精神状态

精神状态是指个人在参加活动的全过程中所持有的态度，以及由此产生的自由感、从容感、满足感、愉悦感等各种主观感受。依照心理体验的理论，体验是个人对外部材料进行感知与同化的一种精神及情感过程。早期对休闲进行的心理学角度的研究认为，休闲方式是先于人们的选择而存在的，那么，个人为什么选择这种而不选择那种呢？选择的理由完全取决于行为者的心理机制。美国学者约翰·纽林格在研究了两种态度层面的休闲模式后，甚至认为休闲应该被定义为一种"精神状态"而非活动或者时间。休闲既非环境，亦非行为，而是与之相伴的态度。有人甚至认为休闲是一种人生境界，或者根本就是"有益于个人健康发展的内心体验"。

我们姑且不去讨论休闲是否可以被定义为"精神状态"，首先可以肯定的是，活动过程中人们的精神状态不但决定着也影响着活动的效果。无论如何，休闲总是活动者在一定的精神状态下进行着各种活动。有的休闲活动，如娱乐，在活动过程中以及活动结束后所产生的情绪状态往往会成为衡量活动效果的评价指标。由此可见，精神状态在休闲的内涵中应是一个十分重要的组成部分。

4. 经济能力

在经济社会中，社会与个人所具有的获得生活资料的手段、方法和技能就是经济能力。而休闲就是一种消费的观念和现实，休闲的可能性必然与社会和个人的经济能力联系起来。

马克思认为:"人们为了能够'创造历史',必须能够生活。但是为了生活,首先就需要吃、喝、住、穿以及其他一些东西。因此,第一个历史活动就是生产满足这些需要的资料,即生产物质生活本身,而且正是这样的历史活动,是一切历史的一种基本条件,人们单是为了能够生活就必须每日每时去完成它,现在和几千年前都是这样。"依照马克思的理论,人们在从事其他的社会活动之前,首先要从事和完成满足其基本生活需要的物质资料的生产劳动。基本的生活需要的满足活动是一切其他活动的基础,这个前提得不到一定保障,其他社会活动必然会受到影响。满足生活需要的活动从本质上讲就是人的经济活动。

在现实的经济社会中,社会经济发展的总体水平以及社会中个人所具有的经济能力直接影响着生活状态。有社会学家认为,富有者拥有的闲暇是持久而自愿的,失业者拥有的空闲则是临时而无奈的,尽管他们可能都拥有足够的自由时间。由此可见,不同经济能力的个人,所能拥有的休闲是不一样的。

5. 活动空间

活动空间是指没有压力的活动环境。人类的任何活动都是在一定空间内完成的,没有适宜的(相对于活动的需要而言)活动环境,休闲是不可能完成的。由于休闲的方式可达到随意多的程度,因此,人类休闲活动的空间完全视活动方式的基本需求而定。但问题的关键并不在于空间的大小,而在于活动者对这个空间的拥有程度(无论是长久的还是暂时的)以及在这个空间里所感受到的实际自由度。从这个意义上讲,活动的空间是一个范畴,它把活动方式的客观要求与活动者的期望需求以及外界对其制约的程度密切地维系在一起,从而形成了一个活动的"场"。这个"场"把活动者包容其中,使活动者有了一个相对自由活动的、可以适宜宣泄自己的情感于其间的场所。

活动空间分为两种：个人空间和公共空间。个人空间也可以称之为私人空间，通常以私人住宅为主体。这种空间不仅是人们居住的空间，也是家人以及亲朋好友休闲活动和交往之处，因此，现代城市民居规划往往成为城市建设的中心和支点，家居环境则成为评判个人生活质量的重要参数之一。公共空间有工作空间与休闲空间之分，其中休闲空间就是现代生活中人们日益重视和强调的重要活动空间。国际现代建筑协会制定的《城市规划大纲》中认为：城市应按居住、工作、游憩（休闲）进行分区和平衡后，再建立三者联系的交通网。可见，游憩（休闲）所需要的空间，应该是城市规划中一个极其重要的组成部分。

人们是否愿意投入于休闲，在很多情况下取决于个人的性格特征和生活态度。有的人尽管有足够的闲暇时间，也有足够的经济能力和活动空间，但却没有参加休闲活动的意愿和行动。有的人有做不完的工作，但却想方设法地找机会让自己放松娱乐一下。显然，拥有休闲的条件并不能决定人们是否会选择休闲，人们的观念和意识才是行动的决定性因素。同样，尽管拥有足够多的活动方式，但却缺乏参与的情趣，也不会引起参与休闲的欲望。

三、休闲体育的概念

近年来，休闲已经成为一种时尚，"休闲"一词已成为出现频率越来越高的用语，几乎众人皆知。但是，对休闲的含义，真正理解的人却不多。英文的"Leisure"一词来源于古法语"leisir"，古法语源于希腊语，"休闲"在希腊语中为"Schole"，意为休闲和教育，从发展娱乐中得益并与文化水平的提高相辅相成。"Leisure"一词中休息的成分很少，消遣的成分也不多，主要指"必要劳动之余的自我发展"，表现了"休闲"一词所具有的独特文化精神内涵。

休闲，按现代汉语的字面意思解释，"休"乃是休息、休整、休养、休假之"休"，有离开工作、摆脱烦恼、自由调整等含义；"闲"有闲适、闲散、闲暇、闲逸、闲静之义。因此，胡伟希认为："假如不脱离其原来的辞源义，则休闲应当指人的一种生存状态，即人应当过美好的生活，而美好的生活是符合道德的生活。"

当然，从传统思想上来看，"闲"字表示的是无关紧要的事和行为，没有积极的意义，如闲言闲语、闲扯闲聊、闲逛闲游、闲坐闲居等等。然而，对于文人学士来讲，自谦为"闲"倒成为一种美德。例如，闲趣、闲情、闲雅、闲野等词，表达的含义都很有几分美感。

在汉语中，与休闲有一定关系的词还有"余暇"一词。在这里，"余"字有剩下、以外、饱足之意；"暇"字则有空闲、无所事事之说。旧有"暇豫"一词，意为悠闲逸乐。《国语·晋语二》中说："主孟啖我，我教兹暇豫事君。"韦昭注："暇，闲也；豫，乐也。"用现代汉语来表述则是休闲娱乐之义。因此，按照原义，"暇豫"一词有工作之余、劳动以外、衣食之后行使悠闲逸乐之事的意思，与休闲娱乐的含义十分相似。

在《现代汉语词典》中，"余暇"一词被表述为空闲的时间，没有行为主体和行为方式的内涵，仅有空闲的含义。这种词义表达使"余暇"一词在实际的使用中常常与别的词搭配，如余暇活动（即空闲时间中进行的各种活动）、余暇时间（空闲时间）等。我们认为"休闲"比"余暇"更加合理，更加深刻，更能够完整地表达现代社会中存在的这一现象。从词义来看，"休闲"一词既包含了"余暇"所含有的时间意义"闲"，又兼有如何度过这些时间的动词"休"。

另外，我们还可以了解一下关于休闲体育的几种观点。

林志超认为，休闲体育是指在工作、学习之余开展的群众性体育活动，它作为余暇生活的重要组成部分，可以不拘形式地通过参加各种身体活动，在充满欢悦和谐的气氛中，达到增强体质、促进健康、恢复体力、调节心理、陶冶情操、激发生活热情、培养高尚品格、满足精神追求及享受人生乐趣等目的。

陈融认为,从形式和内容上看,休闲体育的主要基调是轻松、快乐、刺激,以期让处在快节奏、高竞争社会中的人暂时走出喧嚣的尘世,轻松自在地进入休闲的境界。对休闲而言,不追求功利性,参与就是一种快乐、成功、享受。

王生生、司亮等人认为,休闲体育就是在闲暇里用各种方法、各种手段进行身体锻炼,开展多种形式、多样内容的身体娱乐,并把它作为一种现代文明社会的交往方式和交际手段。

卢锋认为,休闲体育是人们在相对自由的社会生活环境和条件下,自愿选择并从事的各种形式的体育活动的统称。它是体育的一种存在形式,是社会休闲活动的主要方式之一。

了解完以上观点后我们发现,虽然人们在描述休闲体育时存在差异,但人们总是在强调休闲体育的两个基本特点:一是闲暇时间或者休闲时间;二是身体运动为主形式的体育活动。

综上所述,休闲体育是指人们在余暇的时间里,在自由的环境和条件下,为了丰富生活、增进健康、调节精神而自愿进行的放松身心的各类体育活动,内容选择以个人爱好为前提,如游戏、球类活动、郊游、垂钓、登山等。参加休闲体育运动可以寻求生理和心理上的放松,运动强度不大,令人轻松愉快,具有安抚身心、消除疲劳的功效。休闲体育强调的是心情的放松、身体的舒适、情感的释放,从而获得身心的满足。

四、休闲体育的特征

休闲体育活动并不意味着这类体育活动与其他体育活动在动作方式上有什么特别的不同之处,而是说这类体育活动与"休闲"这一活动所需要的情趣相适应，有某种文化娱乐意义，从而使得这类体育活动由一般的身体活动变成一种休闲情趣、一种生活方式。所谓的休闲体育具有以下特征。

（一）自然性

众所周知，人的生命活动不外乎内部活动和外部活动两种，内部活动指的是生理、生化活动，亦即物质与能量不断消散的过程。无论我们愿意与否，这一过程总是在人的有机体内发生和进行着。要维持生命结构的存在，一方面要不断地促使消散过程的积极进行，另一方面则需要通过与外界进行物质交换以补偿已经消散的能量。而这两个方面的活动都必须借助于有机体的外部活动，它们构成了摄入与排泄以及身体运动这些基本需求的本源。我们知道了这一点，就不难理解为什么人们会选择大量涉及身体运动的游戏和娱乐方式了。作为生命必然会遵循生命运动的基本轨迹，保留了生命体本能的需求和活动方式，只是人的这些本能需求在个体的社会化进程中被特定的方式所制约，从而以社会人的特有方式来满足这些需求。

（二）参与性

休闲体育是一种实践性极强的社会活动，它需要人们的亲身参与，在活动的过程中体验和获得某种感受，或者通过自身活动的结果来表达自己的观念和想法。没有自身的参与就无法得到那种所期望的感受，也不能完整地表达自己。有人把观看体育竞赛和体育表演也纳入休闲体育的范畴，并把休闲体育分成参与型和观赏型两类。我们则认为，观看或者观赏的方式属于文化性休闲的范畴，不能纳入休闲体育的范畴，因为这种方式无论怎么看都与文艺表演，如杂技、大型综合性演出等没有多大的区别，尽管这些现代文艺演出中经常也有演员与观众之间的互动，但始终不能认定这是观众在演出。因此，休闲体育应该是参与性的，是活动者亲身实践的过程，"是通过非正式的、自发的体育活动，追求身体的放松和舒服"。很显然，罗歇苏把休闲体育完全视为参与性的活动，认为在活动中才能真正地获得身体上的放松，才能追求到身体上的舒服。事实上，休闲体育所能够实现的各种功能和作用，确实都是在活动过程中体现出来的。

（三）流行性

流行性是指某种社会事物具有十分广泛的影响，并形成了一种时尚性的外在表现，流行往往是时尚的结果。在现代社会，由于人们的物质生活和精神生活得以前所未有的升华，因此，休闲活动已经成为生活活动的重要组成部分，而在众多的休闲活动中，体育休闲活动又因为其本身的特点成为人们休闲的首选。在现代社会条件下，新的体育休闲活动项目不断地被创造出来，再加上传播媒体的作用，许多项目都会在较短的时间内迅速地向全世界传播，并逐渐成为国际性活动项目，奥林匹克运动会项目设置的不断扩张就是这种流行性的典型表现。

休闲体育的流行性主要从其活动项目的迅速风靡于世而后又悄然消失中表现出来。一种体育活动经常会在很短的时间里在一个地方流行起来，成为人们在休闲时间里十分热衷的活动。当然，如同其他具有流行性的事物一样，一种体育活动也可能在风靡一时后又很快地销声匿迹，取而代之的是另一个让人愉悦接受的新的体育项目。

事实上，休闲体育的这种流行性特征完全是由人的自由时间和人性特点所决定的。当人们拥有了自由时间之后，如何支配和打发这些时间便成了人们面临的一个问题，体育活动既有利于身心健康，又有助于打发时间，自然会成为人们主要的选择。然而，人们对活动的选择又是相互影响的，体育项目的流行机制之一就是这种相互影响作用。另外，人们求新求异的意识则是他们不断地放弃旧活动，追求新活动的动因所在，这也是一个体育项目很快地流行起来而后又逐渐消失的原因。当然，周而复始是社会事物发展的一种具有规律性的特征，休闲体育也是一样，可能过了一段时间后，一个曾经流行而后又消失的体育项目又再次流行起来，并且被另外的一代人广泛地接受。

（四）时代性

休闲体育总是在一定历史阶段、一定文化背景下产生并发展起来的。在不同的历史时期，存在着不同的物质文明和精神文明，因而会产生不同的休闲活动方式，体育休闲活动也是应其时代的要求和进步而演变和发展起来的。考察历史的发展进程可以发现，无论在什么样的时代，体育活动总是能现身于社会中，成为民众乐于接受和参与的休闲活动方式。当然，休闲体育活动毕竟是社会文明的表现形式，在许多情况下与社会科学技术的发展水平密切相关。我们看到，21世纪流行的休闲体育活动与20世纪初相比有了极大的变化，今天的休闲体育活动往往是与科学技术和材料革命的结合，而过去的活动可能更倾向于身体的自然活动，比如当时流行的户外运动。

（五）时尚性

德国哲学家、社会学家齐美尔认为，时尚既满足人对社会依靠的需要，同时也满足着人对区别的需要，即满足着分化、变换和独树一帜的倾向。因此，他说："时尚是一种阶级分化的产物……新的时尚，整体而言只有较高的等级才能涉及……以此对较低的等级封闭隔绝，它以此来标明其成员们相互间的平等，而且在同一时刻，标明与处于较低等级的人的差异。"

在社会经济与文化高度发展的当今时代，参与休闲体育活动已经成为一种社会时尚。一方面，人们参与休闲体育活动以表明自己与某个社会阶层的平等性等级，另一方面则以此表明自己与另外某个阶层之间的差异。因此，时尚性应该是休闲体育较为典型的一个特征。

按照舍勒贝格的理论分析，参与休闲体育活动的人们和休闲体育本身都具有现代时尚的几个重要的双重性特征。如休闲体育并不在乎物质的和实际的东西，但又始终离不开那些具体的东西；人们对待休闲体育的态度也包括了积极参与和完全无所谓两种对立的情绪；人们总是想逃避责任却在休闲体育活动中不得不承担责任等等。人们参与休闲体育活动时的动机、目的、心态、情感等，通常处在舍勒贝格所表述的时尚的双重性之中。如人们在进行体育活动时，总是要遵守活动的规则和方式，但人们却不愿意遵守这些活动规则和规范，因为这些东西多少形成了一种文化性的压力，而休闲活动恰恰是力图摆脱各种外在的压力。

（六）自发性

休闲体育是人们在休闲时间内进行的一种自发性的主体活动，它完全是个体或某一群体真正的主体需求，在个人可以自由支配的时间里进行的体育活动，没有任何强制、被动或非自愿成分。在活动中，由于是主体自觉自愿的参与，因此，不仅直接满足身心发展的需要，而且这种良好的情绪体验会更加激励其持久参与的积极性，比较好地形成"需要—满足—更大需要—更大满足"的持续不断的良性循环之中。自发性是自觉意识的体现，特别是在社会高度发展的当今时代，休闲已经不只是劳动之余的休息和放松。随着自由时间的增加，休闲已经成为每个人的生活权利，成为个人生活的组成部分。现代人有充分的自由意识，人们对自由时间的支配权就在休闲活动中体现出来。

（七）层次性

层次性包含了几个内容，一是活动人群的年龄层次；二是活动内容的难易层次；三是活动方式的经济消费水平层次。这三种层次的划分有着十分重要的社会意义，表现了休闲体育研究的不同视角和内容。从一般意义上讲，不同年龄阶段的人有着不同的需要和爱好，这种需要和爱好直接影响着人们对体育休闲方式的选择。少年儿童对一些新奇的个人活动，如滑板、轮滑、小轮自行车等感兴趣；青年人则爱好有一定挑战性和对抗性的活动，如足球、篮球、网球等；中年人倾向于活动的品位和档次；而老年人则喜欢交流互动性强的活动。通常，年龄因素是体育休闲活动分层主要的有时甚至是决定性的因素。

内容的难度是完成活动所要求的技术标准高低问题，这是一些人选择体育休闲活动方式的依据。这种选择主要取决于活动者对自己运动能力的评价，个人运动能力较强者通常会选择一些技术动作难度较大的项目，而个人运动能力自我评价不高者更愿意选择那些无需多大努力就可以完成的活动项目。

活动方式的经济消费水平是一种具有明显的社会性特征的分层，与个人的社会身份和阶层的特征密切联系在一起。有些体育休闲活动方式明显属于高消费，参与者通常须拥有相当的财力，带有炫耀性消费的特征；而另外有一些体育休闲活动方式则可能对个人经济情况有一定的要求，既能显示个人身份，也能表现个人的运动能力；也有很多人更愿意选择那些不需要多少开销就能开心愉快地活动的项目，他们没有太多的钱花在休闲活动中，因此他们也不在乎自己玩的活动被人家视为哪个层次。

许多形式的消费在刚开始时是奢侈，随着社会的发展，这些形式慢慢地大众化而逐渐成为必要消费的一部分。休闲体育同样也是这样的一种演化趋势，许多项目在开始时总是少数人（通常是社会中那些有钱且有闲阶层）参与的活动，在这样的情况下，这些项目或活动完全是个人身份的标志。至少，在一定时期内，这样的项目或者活动通常是一定社会阶层特属的，具有炫耀性消费的特征。如保龄球，兴起初期在中国几乎是白领的运动。随着国内保龄球馆的增多，价格的大幅度下调，这种活动开始大众化，其原先所具有的社会区分作用也就在大众化的过程中逐渐丧失，成为一般性的休闲活动。

除此之外，休闲体育还有个体选择性、竞赛性不强、以有氧运动为主，以及有自主性、高度娱乐性、锻炼效果实效性、很强的社会性等特征。其最大的特点是活动主体的自由选择性、活动内容和形式的多样性，以及活动效用的综合性。

休闲体育是在工作学习之余开展的群众性体育活动，它作为余暇生活的重要组成部分，可以不拘形式地通过各种身体活动，在欢悦、和谐的气氛中，达到增强体质、促进健康、调节心理、陶冶情操、激发生活热情、培养高尚品德、满足精神追求及享受人生乐趣等目的。休闲体育既不同于身体教育，也与竞技体育有本质的区别。目前，从世界发展趋势看，休闲体育作为现代体育发展的重要标志，无论其普及程度还是开展规模都已不亚于竞技体育，并有可能跃居成为一股新的体育力量。

休闲体育作为"人类着力建造的美丽的精神家园"，是一种文明、健康、科学的余暇生活方式。它不仅可以促进个体的生活健康，端正人们的人生态度和道德情操，还可以充实人们的文化生活，提高人们的文化水准，改善生活风气，使人们的生活质量得到有效的升华和提高。

第二节　休闲体育的基本内容与分类

一、基本内容

可用于休闲的体育活动丰富多彩。从经费投入来看，既有对场地和经费投入要求不高的传统体育活动，如武术、气功、散步、跑步、徒手体操等；也有需要一些专门场地和设施以及一定投入的现代体育活动，如网球、游泳、家庭器械健身等；还有对场地、设施、投入要求都很高的新潮体育活动，如高尔夫球、保龄球、赛车、摩托艇、攀岩、热气球、滑翔翼等。从活动所依托的背景来分，主要有三个方面：陆域——以山林野外为背景的登山、攀岩、定向徒步越野、郊游、山地自行车、野外旅行、探险、滑雪、滑冰、雪上摩托等；水域——划船、赛艇、帆板、水上摩托、潜水、冲浪、滑水、钓鱼、游泳、木筏漂流等；空域——滑翔、跳伞、热气球等。

二、休闲体育的分类

休闲体育不是一类具体的项目，而是体育的一种社会存在形态。因此，它包括了各种各样的体育项目和活动，分类方法也较多。

（一）按身体能力分类

在竞技运动中，按运动员完成训练、比赛所需主要能力可把竞技运动项目分为体能和技能两类。不少休闲体育娱乐活动本身就是竞技运动的衍生物，具有与竞技运动相同的本质属性，因此，可以将众多休闲体育娱乐活动按所需主要身体能力进行分类。

1. 体能类运动

体能类运动主要是在展现人类体能和适应环境能力过程中达到休闲目的，可分为以下几类。

（1）耐力型运动

主要体验长时间与自然环境尤其是超常自然环境融为一体的超常感觉，展现人体适应各种超常环境的能力，如远足、长距离或超长距离自行车和摩托车旅行探险、划船、登山、沙漠探险、极地探险、越野滑雪等。

（2）速度型运动

主要体验在超常规速度条件下运动所特有的速度感和愉悦感，接受特殊速度下的情感和生理刺激，如速度滑冰、卡丁车、摩托车、摩托艇、高山速降滑雪、冰橇、过山车、蹦极、悬崖跳水、高空弹射等。

2. 技能类运动

技能类运动主要是在展现人类掌握和运用各种技能过程中达到休闲目的，可分为以下几类。

（1）对抗型运动

A. 隔网对抗型运动：运动场地上所设置的拦网将参与休闲的徒手或持

器械运动者分为两方进行隔网对抗，如沙滩排球、软式网球、网式足球、羽毛球等。

B.同场对抗型运动：各为一方的休闲体育娱乐活动参与者在同一场地追逐争夺，力争将球投入或射入特定区域或目标、对方特定区域或目标，如3人制篮球、室内足球、壁球、高尔夫球、木球、门球、桌球等。

C.格斗对抗型运动：以参与运动的对手身体为进攻对象进行双人格斗，如拳击、柔道、太极推手、跆拳道等。

（2）表现型运动

A.准确型运动：以准确击中既定目标而展现掌握精确技术的能力，如定点跳伞、射击、射箭、掷飞镖、弹弓等。

B.难美型运动：以高难度动作展现人体美、运动美，如跳水、高空跳伞、花样游泳、花样滑冰、冰上舞蹈、健美操、有氧操、街舞等。

（二）按身体状态分类

国内有学者按参与者的身体状态把休闲体育活动分为观赏性、相对安静状态和运动性三类。

1.观赏性活动

观赏性活动主要指观赏(间接参与)各种体育竞赛和休闲体育娱乐表演，在间接参与过程中表现出赞赏、激动、惊叹、沮丧、愤怒、失望等情绪，使心理压力得到释放，同时学习体育知识,欣赏体育运动的艺术魅力的活动。

2.相对安静状态活动

相对安静状态活动主要指参与者身体活动较少而脑力支出大的棋牌类休闲活动。进行棋牌活动可以形成参与者或配合默契、心领神会，或智勇双全、胸怀全局的心理素质和心理特征。而且为适合棋牌用时较长的特点，参与者还需要经常锻炼以保持良好状态。因此，棋牌等相对安静状态活动既能健脑，又能健体。

3. 运动性活动

国内有学者认为运动性活动是休闲体育娱乐活动的主体，根据各种休闲活动的特性，运动性活动通常可以分为以下几类。

（1）眩晕类运动

眩晕类活动主要是借助特定运动设备使参与者获得平时难以体验到的空间运动感觉，感受生理与心理上的极限刺激，如过山车、蹦极和悬崖跳水等。

（2）命中类运动

这类运动主要是运用自身技巧和能力，借助特定器械击中目标，如射击、射箭、保龄球和桌球等。

（3）冒险类运动

冒险类运动指的是参与者对自然的挑战性休闲活动，如各种漂流，沙漠极地探险，飞越黄河、长城和横渡海峡、湖泊等。

（4）户外类运动

指人类回归自然的各种休闲活动，如野营、登山、远足、定向越野和攀岩等。

（5）技巧类运动

指的是参与者把自身运动能力和特定设备有机结合并融为一体的展示高度技艺、技巧的运动，如花样滑板、小轮自行车、溜旱冰和轮滑等。

（6）游戏竞赛类运动

指的是竞技项目简化或游戏化后形成的休闲体育娱乐竞赛活动，如沙滩排球、街头3人篮球、室内足球和网式足球等。

（7）水上、冰雪类运动

这类运动主要包括游泳、跳水、滑水、滑雪、雪橇和滑冰等运动。

（三）按记分方法分类

休闲娱乐的主要目的是愉悦身心，而体验获胜是愉悦身心的主要方法之一，因而可依据记录获胜的方法对休闲体育娱乐活动进行分类。

1. 命中类运动

指的是以击中特定区域或目标、对方特定区域或目标决定胜负的运动，如3人制篮球、室内足球、射击、射箭等。

2. 得分类运动

指的是以既定回合得分决定胜负的运动，如沙滩排球、软式网球、羽毛球、乒乓球等。

3. 评分类运动

指的是以参与者动作表演性、难美性、技巧性等得分决定胜负的运动，如跳水、高空跳伞、花样游泳、滑水、花样滑冰、冰上舞蹈、健美操、有氧操等。

4. 测量类运动

指的是以高度、远度或通过规定距离所需时间的测量决定胜负的运动，如速度滑冰、卡丁车、摩托车、摩托艇、高山速降滑雪、冰橇等。

5. 制胜类运动

指的是以参与者的绝对获胜或在无法决定绝对获胜条件下的评分决定胜负的运动，如拳击、柔道、太极推手、跆拳道等。

（四）按动力源分类

按休闲活动过程中人和器械运动所获得的主要动力源可以把休闲运动分为以下几类。

1. 动力类运动

人和器械进行运动主要依靠动力进行的，如摩托车、卡丁车、高空弹射、摩托艇、动力滑翔伞等。

2. 无动力类运动

人和器械进行运动主要依靠人力进行的，如远足、登山、跑步、大部分球类项目、滑冰、越野滑雪、健美操、有氧操等。

3. 自然类运动

人和器械进行运动主要依靠自然力进行的，如蹦极、悬崖跳水、放风筝等。

4. 半自然类运动

人和器械进行运动主要依靠自然和人力的结合进行，如高山速降滑雪、高台跳雪、滑翔机、滑翔伞、高空跳伞、过山车、漂流等。

（五）按季节、场所分类

依据国际奥委会对奥运项目的一级分类标准，所有休闲项目首先也都可以分为冬季和夏季项目两类，然后根据项目适合开展的场所进行二级分类，分为冬季室内、室外和夏季室内、室外，然后再按其他分类标准进一步分类。

（六）按动机和目的分类

按照参与休闲体育活动的动机和目的，还可分为健身、娱乐、竞技、放松、消遣、社交、探寻新奇和寻求刺激等活动。

第三节　休闲体育的文化内涵

人们对文化的理解分为广义和狭义两种，广义的文化是指人类所从事的各种社会活动，以及在这种活动中所创造的全部成果，包括人类社会生活的各个方面，既包括物质生产和物质产品，也包括精神生产和精神产品，还包括各种社会现象、社会过程和社会事物。狭义的文化则是指与精神生产直接有关的精神生活、现象及过程，是相对于物质文化的一种精神文化，仅指人的精神生活领域，它包括三个方面，一是价值观，二是社会意识或思想，三是道德。文化是人类特有活动的积淀，同时也是一种具有社会属性的概念，休闲体育是一定社会发展阶段的产物，是一种特殊的社会文化现象。休闲体育的文化价值是指，休闲体育活动本身的技术规格、形式，以及休闲体育设备的品种、款式、装饰、商标等诸方面所承载和传递的反映人们精神文化观念和心理等信息属性的大小。休闲体育的社会文化价值逐渐成为社会发展的亮点，它同时涉及狭义文化的三个方面。

一、休闲体育活动中的文化形式

从某种层面上说，文化也可以理解为社会总体和个体观念的总和。文化是无形的，也是实在的，人是文化活动的主体，文化的实在性就在于人所参与的文化活动过程及表现形式的可操作性。文化在休闲体育活动中存在的形式不仅包括人在休闲体育活动中的意识，还包括与休闲体育活动有直接联系的体育设备，以及构成休闲活动的体育技术动作等方面。

（一）人的休闲体育意识

人的休闲体育意识是文化在休闲体育活动中的存在形式之一，人之所以要参与休闲体育活动，就是为了提高自身的生活质量，这种意识直接促使人们参与休闲体育活动实践，这就形成了与动物本能的机体运动所不同的行为动机。这种动机不仅是个体的意识，还显示了整个人类社会体育思想的一次飞跃，是人类文明进步的成功展示，自然也是社会文化进步的体现，是文化在行为意识领域的存在方式。文化存在于人的休闲体育意识的方式，受人们所处的社会物质文化生活条件的制约和影响。

（二）休闲体育设备

文化在休闲体育活动中的存在形式也表现在休闲体育设备上。休闲体育设备是体验休闲体育活动的基本条件，同时也是表达和传递休闲体育文化的工具。随着社会经济的不断发展，人们对休闲体育设备的需求，不仅仅停留于对其实用价值的追求，对其审美文化价值的要求也越来越高。人性化的休闲体育设备，既体现人文关怀，也是其实用价值的展示，因此，休闲体育设备也能反映人们的审美文化水平。休闲体育设备成为人们审美文化的载体，其所蕴含的审美文化价值主要体现在外观造型和光色上。一套造型设计完善、制作精美的组合器械，与原始制作粗糙的杠铃、哑铃等器械相比，能够吸引更多的人驻足观看和参与，不仅在于其实用价值，还在于其设计制作本身融入了审美文化，能够使人在对器械的审美欣赏中体验休闲体育活动带来的愉悦。

（三）休闲体育技术

从文化层面上看，休闲体育技术就是休闲体育文化的外在表现形式。休闲体育对参与者本身在体验休闲体育技术所承载的游戏、娱乐成分上表现得十分浓烈，其追求的目标更多地体现在参与者身心上获得的愉悦，因而在规则的要求上就不是十分严格，在其技术规格的随意度上表现得也更为宽泛。休闲体育的技术规格更多地体现在参与者易于掌握，参与性、娱乐性较强。同时，也不乏对技术的精彩、刺激的追求，以满足参与者身心的需求。这些技术特征都不能脱离休闲体育技术本身蕴藏的艺术文化价值，包括动作设计所体现的艺术文化品位，动作表演体现的艺术文化，以及表演者和观众的文化感受。无论健身操、街舞、体育舞蹈等需要音乐伴奏的项目，还是滑板、旱冰、滑翔、登山等非音乐伴奏的项目，在技术规格上表现得如何的宽泛，但它们均是通过参与者对该技术的风格、特征的领悟和理解，以肢体和神态的演绎来表现这种技术的艺术文化价值。因此，任何休闲体育动作都展示着一定的艺术文化，休闲体育技术自然是文化的载体和表现形式。

二、休闲体育文化价值的特征

（一）休闲体育文化价值具有时代性

任何一项休闲体育活动都是在一定时代产生的，一定时代的休闲体育项目与该时代的社会经济发展水平和人们的精神文化要求密切相关。不同时代，由于人们所处的社会政治、经济条件的不同，人们对休闲体育活动的需求也不同。随着人们物质文化生活水平的提高，人们对休闲体育活动的内容要求也越来越高，休闲体育的文化价值也在不断丰富。谈起掰手腕、打陀螺、滚铁环等，人们自然会联想到经济水平发展不高的年代，当人们谈论打高尔夫球、打保龄球等，自然会与现代社会联系起来。

（二）休闲体育文化价值具有民族性

文化的多元性构成世界文化的整体性，休闲体育文化也是构成世界文化的细胞，但任何休闲体育项目都属于一定的民族，都是在一定民族所处的社会经济发展水平、人文地理环境、传统习俗、审美情趣以及宗教信仰、工作、生活、思维方式和文化价值观念等条件下产生的。尽管经济的全球化正导致休闲体育的国际化，但所有休闲体育项目从产生到其发展过程所表现的民族性痕迹是无法抹掉的，纵观中外休闲体育项目，没有一项休闲体育活动不具有民族性特征。

（三）休闲体育文化价值具有地域性

休闲体育文化的地域性与其民族性是紧密相关的，民族文化的某种程度、角度，也反映出区域文化的特点和内容。文化的地域性较之民族性有着更为宽泛的包容性和更为灵活的机动性。主体和客体是构成休闲体育活动的基本要素，在休闲体育活动中，主体是人，而客体包括休闲体育的技术、场地、器材和装备。休闲体育活动必须借助一定的地域空间才能进行，因此，休闲体育文化价值具有地域性。人们不会怀疑登山运动不可能在平原地区进行，冲浪运动只能在有大海的地方开展，滑雪、滑冰、冰球等运动项目更适宜在气候寒冷的地区开展。

（四）休闲体育文化价值具有广泛性

休闲体育文化价值的广泛性主要是指休闲体育活动的国际性，即许多休闲体育项目能在世界范围内被不同肤色、民族、语言和地域的人所接受。众多的休闲体育项目，虽然最初都是依据一定的民族文化观念，在特定的文化背景下产生的，并反映该民族的社会政治、经济、文化水平，但随着社会经济的不断发展和国际交往的频繁，产生于不同国家、地区和民族的休闲体育活动会逐渐为世界人民所接受，成为世界上交流最为广泛的文化，休闲体育的文化价值也广泛地展示在世界各国的休闲体育活动中。冲浪、滑板、高尔夫球、山地自行车等起源于西方国家的运动项目，随着我国社会经济的不断发展，人们生活水平的不断提高，特别是国际交往的增加，越来越为中国人所接受。

第四节　休闲体育的价值与功能

一、休闲体育的价值

（一）文化价值

1. 推动社会经济的发展

休闲体育的文化价值在体育休闲活动中具有十分重要的作用。一方面，充分展示休闲体育本身所具有的休闲、娱乐、健身等价值，帮助人们认识休闲体育在提高人们生活质量中的地位。这种文化观念的改变，成为引导和改变人们传统体育意识的重要因素，进而引导人们积极参与休闲体育消费，客观上推动了体育经济的发展。另一方面，休闲体育又通过其休闲、教育的文化价值，以及休闲体育设备本身的艺术价值，去吸引民众参加体育休闲活动。通过休闲体育文化价值的吸引和诱导，不仅可以使具有相同或相近休闲体育文化价值观的人们对某些具体的休闲体育项目产生认同并达成共识，而且可以改变和吸引对休闲体育文化认识不足或肤浅的意识，形成共同的休闲体育消费倾向，扩大了休闲体育及其相关产品的市场份额，促进规模经济的形成，从而推动社会经济的发展。

2. 对社会的文明进步有积极推动作用

休闲体育是一种多元文化的集合，是一定时代、一定文化背景下的具体实践活动，既反映该时代一定的民族文化价值观，也反映世界各族文化的交融，对推动世界文化交流起着积极的作用。休闲体育是一种实践活动，是以参与者获得实践体验价值为目的的活动，人们可以在活动中尽情地发泄自己的感情，交流和表达自己的思想。休闲体育活动中人们多姿多彩的表现，就是不同思想文化的碰撞和展示。因此，从一定意义上讲，休闲体育活动的实践就是一个舞台，通过这个舞台可以反映参与者精神文化的修养内涵及其程度。同时，在共同的体育休闲活动中，参与者的思想文化修养可以相互影响，大家可以学习和借鉴他人之长处，提高自身思想文化修养的水平，从而促进社会的文明进步。

（二）经济价值

1. 为国家建设积累资金

休闲体育业同其他第三产业一样，对一个国家来说，同样可以起到加速货币的回笼速度，增加货币回笼数量的作用，进而达到防止通货膨胀、稳定市场、积累建设资金的目的。市场经济的任何经济活动都必须借助于货币媒介来完成交换，在纸币流通的情况下，货币的投放与回笼有一定的比例。如果货币投放过多或回笼过少，就意味着市场上流通的货币量的总面值超过了市场上商品的总价值，由此产生的直接结果就是货币贬值、通货膨胀。为此需要在发展生产的同时，采取积极措施扩大消费领域，拓宽货币回笼渠道，更好地满足货币流通规律的要求。休闲体育经济活动回收货币主要通过两种途径：一方面是通过参与者直接参加休闲体育活动来进行消费，同时也通过提供相关的指导、咨询和服务而获取货币收入；另一方面，进行休闲体育活动需配套相关的设备，这些设备的出售或出租，在满足了消费者需要的同时也回收了货币。这不仅回笼了货币，而且从盈利中以交纳税金的方式为国家积累了建设资金。

2. 提供更多的就业机会

从经济的角度看，就业是在一定的社会经济条件下，劳动者得到了有报酬的从事生产经营活动或非经营性工作的机会，其实质是个人以特定的方式参与社会劳动，从而使自己的物质需求和精神需求获得满足的社会机会。就业问题是任何国家经济发展中都要面临的一个重要问题，它不仅关系到劳动者的生存发展和享受，还关系到社会的安定。从休闲体育活动所涉及的诸多因素看，休闲体育业是一种既具服务性又具生产性的综合性产业部门，休闲体育活动的发展必然带动为休闲体育业提供服务的各行各业的发展，这自然就会为社会提供大量的就业机会。

3. 改善国民经济产业结构

第三产业的迅速崛起是生产力发展的必然，也是社会发展的标志。一个国家经济越发达，第三产业在国民经济中所占比重就越大。休闲体育业是典型的第三产业，它能促进其他相关第三产业的发展，在优化产业结构方面起着积极作用。

（三）生理价值

1. 减少疾病的发生

随着现代化进程的加快，人类开始从繁重的体力劳动中解脱出来，而由于运动不足所产生的各种"文明病"开始威胁着人类。据有关资料统计，长期坚持进行适宜的休闲体育活动，可以增加血胆固醇的含量。血液中高密度脂蛋白胆固醇（简称 HDL-胆固醇）能把沉积在动脉壁上的胆固醇运送到肝脏进行代谢，从而减慢主动脉粥样硬化斑块的形成与发展，防止疾病的发生，同时还可以增强机体对各种复杂多变环境的适应能力和抵抗力，消除现代"文明病"对机体的侵蚀。

2. 延缓衰老

适宜的休闲体育活动是保持健康、延缓衰老的有效措施之一。自古以来，养生学都积极主张运动。随着年龄的增长，人体逐渐出现各种老化现象，特别是40岁以后各种疾病极易发生。研究发现，动脉硬化在脑力劳动者中发生率为14.5%，而在体力劳动者中仅为1.3%。有学者对长期参加休闲性跑步的40名中老年人进行研究后发现，他们的发病率很低，心肺退行性变化普遍推迟10～20年。由于坚持适宜的长跑，改善了心肺功能，增强了肌肉组织力量，促进骨质钙化，加强了关节韧性，调节了精神。

3. 增强脑力的活化剂

长期参加适宜的休闲体育活动，可以对机体的相关系统和器官起到良好的刺激和按摩作用，有助于改善神经系统，促进血液循环，改善大脑的营养状况，促进脑细胞的代谢，使大脑功能得以充分发挥。

4. 提高机体免疫功能

人体的免疫功能分为非特异性免疫和特异性免疫两大类，它在人体的生理系统中起着三大作用，分别是生理防御、自身稳定、免疫监视。生理防御是指人体对外来的病毒、细菌、真菌等生物致病因素及其他有害物质的识别、抵抗直到消灭的功能；自身稳定是指维持机体内环境的稳定和个体特异性，诸如对自身组织的调解和衰老细胞的清扫，对异体组织的排斥。

因此，免疫功能对人类体质的强弱，抗病能力的大小，恶性肿瘤诱发的概率起着举足轻重的作用。长期适宜的休闲体育活动，不仅可以使人在活动中愉悦身心、交流思想，而且可以增强机体的免疫功能。

（四）社会心理价值

1. 形成积极良好的社会态度

参与休闲体育活动既可以提高人的认知能力，又能提高人的情绪智力。认知活动主要是依靠大脑高级神经中枢进行的。积极参加休闲体育活动，不仅可以使疲劳的神经细胞得到休息，消除大脑的紧张状态，而且还能促进神经系统的新陈代谢，提高神经系统的活动能力，使大脑更加健康和灵活。人的情绪智力主要包括认识自己情绪的能力，妥善管理自己情绪的能力，自我激励的能力，认识他人情绪的能力，人际关系的管理能力五个方面。在参与休闲体育活动的过程中，人们不仅可以丰富自己的情绪获得情感的体验，而且能提高自己对情绪、情感的认识和控制能力，还能充分认识他人的情绪、情感表现，建立和保持与他人的良好人际关系。使个体认知能力和情绪智力得到提高，有助于加快个体的"社会化"和自我意识的形成，有助于提高个体的社会认知能力，促进个体积极良好社会态度的形成。

2. 构建积极良好的人际交往

在参与休闲体育活动的过程中，增加了人与人直接接触的机会，扩大了人际交往的范围。活动过程中相互间的某些相似特征、互补作用、能力体现、空间上的邻近与熟悉等，均可促进人与人之间的相互吸引。现实生活中，人与人之间需要进行传递信息、沟通思想、交流情感，也就是心理沟通，但某些因素会造成人际沟通上的障碍，如地位、组织结构、文化等。休闲体育活动可以使参与者相互之间不再有地位、职业、年龄、文化背景等差别，消除各种沟通障碍，有利于人与人之间感情的建立。在休闲体育活动中人们得到信息、感情、思想的交流和沟通，同时也得到他人的协作、支持和帮助，进而引起自己思想、情绪和行为的积极变化，促使人们产生协作思想、利他行为，也能抑制人们的侵犯行为。

3. 增强团队意识，推动社会文明进步

在休闲体育活动中，人们因为共同的需要、兴趣、爱好而组合在一起，形成相互依赖、彼此互动的正式群体或非正式群体。在活动过程中会自然地形成共同遵循的行为规范或准则，这种行为规范对成员有行为的约束力，促使成员的行为符合规范，产生良好的自律效果，从而提高个人和群体的道德水平、纪律观念，增强团队意识。人们在现实生活中有关

爱和归宿的需要,希望成为某一群体的一员或归宿于某一群体,在休闲体育活动中形成的群体既能满足个体的归宿需要,又能引导个体提高道德品质。休闲体育活动中个体感受到的是民主公平,个体间能够产生信任、依存和关爱,形成良好的社会心理氛围,进而积极推动社会主义精神文明的建设。

二、休闲体育的功能

(一) 社会化功能

在现代社会中,特别是在全球化趋势日渐形成的当今时代,人们对社会的依存性使其不能脱离社会而存在。由于社会文明的飞跃发展,人们需要,也必须不断地从多方面适应自己生活的社会环境。

两人以上的协同活动是体育项目的主要活动形式之一,在这种协同活动过程中必然会形成人际交往,而人的社会化就是在与他人不断地交往中完成的。在休闲体育的情景中,人与人之间的交往是建立在同一个平台上的,平等的交流使人更加容易形成协调的关系,也使交流的各方彼此容纳和接受,从而影响人的思想和行动。另一方面,休闲体育的发展是社会文明进步的重要表现形式之一,社会化的过程就是不断地适应时代变化的过程,通过休闲体育活动,可以使人不断地触摸社会发展的脉搏。

(二) 社会象征功能

在现代社会,休闲方式具有极强的象征功能。罗歇·苏认为:"随着劳动形式的机械化和统一化,等级划分趋于缩小,在娱乐中体现社会区别的需要增强。……由于不能以工作的性质证明自己的社会属性,人们便在文化上受到重视和被看作上等的休闲活动中来证明这一点。"

休闲体育活动中某些活动项目往往在社会上被认为是高雅的、有教养的、上层的人才会参与的活动,这些活动通常需要得体的服饰、精良的装备以及具有表现力的活动方式等。比如高尔夫，时至今日，这项活动依然有专属于社会上层人士的休闲体育活动的趋向。但在现代社会中，随着社会经济文化的发展，体育亦将更加的大众化，能够体现个人社会地位差异的项目依然存在，但数量上明显地减少。当然，这种变化并没有弱化休闲体育的象征功能，只是象征的内容发生了改变。在当今这个崇尚个人独特性发展或者说个性解放的时代，象征性并不一定只是表现个人的社会层次，正如罗歇·苏所言："选择某些休闲活动，能够显示在职业活动中经常无法表达的个性。"特别是对于青年人来讲，以各种体育活动来表达自己的个性特点，似乎成为现代社会的一种风气。

（三）社会人群组织功能

休闲体育活动的多样化特点，使其能够满足因不同动机而参加休闲活动的人们的各种需求。休闲体育活动的方式方法特别多，从无需什么设备、高规格场地设施、专门性技术、技巧的项目，到个人独自操作及多人共同参与的形式应有尽有。无论是什么社会阶层、社会职业，什么性别和年龄的人，都可以并且能够从众多的休闲体育活动中选择一两项既符合自己的社会地位又适宜于自己能力的活动来满足自己的需求。与其他任何一类社会文化休闲活动相比，休闲体育活动的适应性都更为广泛，不同心境、不同情绪状态，甚至不同性格、不同气质的人都能够从某项休闲体育活动中获得满足。正因如此，休闲体育活动才有可能成为现代人度过休闲时光的最为有效的休闲工具。更为重要的是，在现代社会中，许多休闲活动已经发展成为多种亚文化现象，正如阿尔温托夫勒指出的："至少对某些人来说，一种业余活动可以作为整个生活方式的一种基础。"事实上，在经济发达的国家中出现了许多以某种休闲方式为基础的亚文化群体，这些群体中的每一位成员都是某项运动的业余爱好者，如滑翔、潜水、冲浪、攀岩爱好者等。他们把大量的休闲时间都花在自己所喜爱的运动活动之中，他们使用自己所属群体的专用术语,他们的服装穿着、行为举止都表现出该群体的特征,换言之,这样的群体有着自己独有的文化特征。

这样的亚文化群体的存在和发展,使社会文化由一个单一的主体文化逐渐地向着复杂的多样性的新文化体系转变,由此导致了新的文化观、价值观、人生观及各种各样的观念产生,社会也就变得更加五彩缤纷。

(四)社会时尚传播功能

社会时尚是指社会在一定时期内,在人们的生活领域中具有领导性的风气。社会时尚传播的媒介有很多种,其中,休闲体育是最具特色的一种。

(五)个人发展功能

人们在参与休闲体育活动时,实际上是扩大个人对周围的兴趣范围,它的前提是积极寻找一切能够帮助生理和智力发展的活动。事实上,人们很少甚至不可能在工作中发掘自己所有的潜力和愿望。无论何种工作,总是个性的缩小仪,它只发展某些方面,并且不可避免地包含个人贫乏的方面。休闲在其发展功能中能表现出个人内心深处的多种个性特征,以避免线性生活方式所引起的生理或智力的衰退。因此,休闲鼓励每个人寻找相对职业生涯而言具有最佳意义的业余爱好。业余爱好者,就是在某些非职业活动中找到自己个性补充发展机会的人。同样,休闲体育不仅对个人的智力和文化予以补充,对于个体赖以存在的有机体也有着不可替代的作用。从现代的观念和意识来看,个人的发展应该是全方位的发展,而身体的发展则是一切发展的基础。休闲体育有健身和塑身等作用,这不仅满足了人们健康长寿的需求,也能够使追求外在身体美的社会需要得以满足。

第五节　休闲体育与终身体育

终身体育是让人在生命的不同阶段都坚持参加体育活动,并达到身心健康、愉悦身心的最佳目标。而休闲体育作为一种健康、科学、文明的生活方式,正以独特的休闲性、自主性、自由性及积极的亲身体验性吸引着现代人,释放着当代社会快节奏给现代人带来的种种压力和负担。休闲体育是终身体育的具体内容,而坚持终身体育思想,并坚持终身参与体育锻炼正是休闲体育的最终目的,也是人类改造自我、发展自我的最佳手段与方法。

运动是健康身体的自然需要,健康体现着人们对自身前途和命运的基本关怀,休闲运动则是体现这种基本关怀的最佳手段。在农业化、工业化时代,由于劳动要求身体运动,劳动的部分过程同时也就成为锻炼身体的过程,虽然它不能代替体育活动,却有体育活动的功效。今天,我们正在进入知识经济时代,脑力劳动已不可避免地走向主导地位,人类比任何时候都需要体育活动。由此应运而生的休闲体育无疑将对人们产生积极而又健康的促进效应,即健身健美、愉悦情感的近期效益和终身体育的远期效益。

休闲时代的到来,休闲体育的兴起,很大程度上可以为更多的人树立终身体育意识起到积极的作用。

1. 校园休闲体育是学生终身体育的依托

终身体育是未来我国学校体育中的一个永久性话题,对终身体育操作的合理与否,直接关系到学生的后半生健身行为。如果要充分发挥学校体育的育人效应,扎扎实实地进行终身体育教育将是事半功倍的有效途径。终身体育产生于20世纪60年代的国际终身教育思潮,发展于70年代中期。

1976年,在联合国教科文组织召开的关于青少年体育运动会议上,进行了关于青少年教育中的体育运动作用专题讨论,指出:"终身体育对学龄前儿童、青少年、劳动者、家庭妇女、高龄人和残疾人等没有机会参加体育活动的人提供机会。"由此界定:"终身体育是指一个人终身都受到体育教育和从事体育锻炼,使身体健康、身心愉悦、终身受益。"

体育作为以身体运动为手段来提高人类健康水平的积极过程,当然不会是一种凝固而停滞不前的社会实践。体育要满足学生的娱乐、享受需求,就要以其趣味性、创新性来增强吸引力。时代要求封闭体育向开放体育过渡,现代社会已经由强制性体育迈进自娱性体育的过渡时期。信息社会导致人类个性的差异化,必然导致体育活动越来越丰富并以其自身的魅力来吸引人。风行校园的休闲运动正是在这一思想引导下,遵循《全民健身计划纲要》中提出的"学会两种以上体育健身方法"的原则,成为培养学生终身体育能力和意识的重要环节,成为全民健身战略目标的依托。

2. 休闲体育是奠定终身体育的坚实基础

兴趣发生于运动的过程中,快乐发生于运动所得到的结果。心中无限快乐且有快乐的结果,何愁不终身去从事它。可以说,休闲运动是奠定终身体育的坚实基础。学生在紧张的学习之余,更迫切地需要较高层次的精神文化生活。他们在获得知识的同时也在努力追求余暇生活的丰富多彩,尤其对既能使身心健康发展、直接健美形体,又能陶冶情操、使人获得精神和物质满足的体育娱乐活动有较大的兴趣和参与热情。提高体育素质,使体育成为他们学习生活中不可缺少的一部分,从而自觉、积极、主动地参加体育锻炼,为步入社会后坚持自我锻炼奠定良好基础。

休闲体育作为"人类着力建造的美丽的精神家园",是一种文明、健康、科学的生活方式,无疑会对人们形成健康的生活方式起到积极的作用。休闲运动来自人们的健身、娱乐需求,满足着他们身心健康、愉悦的需要。

如果将健康比作生命的金字塔,那么运动、营养、休息将是熠熠生辉的塔顶,而终身体育则是塔顶上光芒四射的明珠。

第六节 休闲体育的建设原则

在休闲健身时,有一些基本的、规律性的东西,不论在发达国家还是在发展中国家,都是人们应该了解并且共同遵守的原则。

1. 快乐性原则

人们在选择休闲健身项目时,首先自己必须喜欢这项活动,从中能得到无穷的乐趣,这样才容易坚持得长久,健身健心效果才会显著。如果一项活动虽然健身效果好,但是你不喜欢,需要咬牙坚持,恐怕长久不了。有了兴趣、爱好,才能自觉、主动、积极地参加健身活动,并从中受益。

2. 目的性原则

不同年龄的健身者应该有不同的锻炼目的。少年儿童参加各种体育健身活动,主要目的是提高身体素质、增强身体机能、促进生长发育,并从中学到一些知识,提高个人能力;青年人参加健身活动除了发展肌肉力量、提高身体机能、保持身材健美外,也是发展个性、进行社会交往的一种手段;中老年人参加健身活动则主要是为了增强体质、增进健康、预防衰老、延年益寿。此外,也要根据自身的健康状况,工作、生活条件等因素选择最适合自己的锻炼方式。例如,身材瘦小的男性锻炼的主要目的是增加肌肉体积和力量,使自己变得强壮,那么他就不适宜选择那些运动时间较长而运动强度不大的项目,如跑步、爬山等,而应该选择运动强度大、运动时间较短但可以多次重复的项目,如哑铃、健身器械上的练习等。

3. 全面性原则

全面锻炼原则是指休闲健身应全面发展身体的各个部位和各个器官的机能，提高身体素质和基本活动能力，从而达到身心全面和谐的发展。身体锻炼主要是保持人体生理和心理的平衡。人体每天都需要一定量的营养，以保证细胞生长和代谢；人体每天都需要适当的休息，以放松生活与工作造成的疲劳；人体每天还需要适当的体育活动，以保持肌肉、筋骨和内脏器官的功能。如果吃得过多或不足，休息得太长或太短，运动不足或过量，都会影响人体的心理与生理平衡，日久天长，疾病就产生了。反之，如果我们能够满足人体这三个基本需求，并把它们维持在适度范围之内，就能达到平衡、完美，也就是达到所谓的"全面身心健康"。

4. 持之以恒原则

要提高体能水平非一日之功，需要时间、努力和耐性。俗话说，贵在坚持。遗憾的是，许多人一时兴起，参与了休闲健身，但由于一些原因半途而废，不能坚持到底。一般来说，当有规律地锻炼后，会体验到体能水平有所提高，只要坚持下去就会达到体能水平的"高原期"，这时虽不能体验到体能的增强，但体能也不会减弱，这是正常现象。如果不气馁，继续锻炼，一段时间后体能将会有新的飞跃。一旦获得了良好的体能，人们就会精力充沛地从事学习和工作。但如果半途而废，放弃锻炼，体能会落至原来的水平，也极易产生疲劳感和疾病，健康水平会明显下降。常言道："体强人欺病，体弱病欺人。"

在运用持之以恒原则时，应该注意下面几个问题。

（1）过去很少锻炼的人在活动后会出现肌肉酸痛，但这种酸痛感属正常反应，数日后就会自行消失。

（2）最初锻炼时，人们的力量、心肺耐力和柔韧性提高迅速，但两三周后，这些方面的进步就会变得缓慢。只有坚持下去，锻炼的效果才能显示出来。

（3）开始锻炼几周后，由于某一原因难以在某一特定的时间内进行锻炼。在这种情况下，可以选择适合自己的锻炼时间。

（4）如果因其他重要的事情使正常锻炼受到影响，应该选择其他的活动项目。

只要能够正确认识和处理上述四个问题，就会持之以恒地锻炼身体。

5. 自觉性原则

身体素质的提高是一个长期的积累过程，只靠一朝一夕的努力是达不到的。因此，参加休闲健身的人必须明确休闲健身的目标，懂得"生命在于运动"的含义，自觉、主动、积极地进行身体的锻炼。但如何产生自觉锻炼的动力呢？首先，应提高对休闲健身的认识，了解休闲健身的功能、身体锻炼的价值以及掌握科学锻炼的知识。其次，应明确锻炼的目的，把个人的切身需要和身体锻炼的功效与国家的兴旺发达、人口质量的提高结合起来，激发锻炼的热情。最后，发掘多种多样的动机，如获得形体的健美、健康的体魄，提高学习与工作的效率等，激励自己进行休闲健身。

6. 适宜运动负荷原则

适宜的运动负荷是指休闲健身要有恰当的生理和心理负荷。参加休闲健身时，最重要的是合理安排运动负荷。一个人在不同的机能状态下，机体对运动负荷的承受能力也不尽相同，运动负荷安排得是否合理是因人而异。同样的运动负荷对一些人适宜，对另一些人可能就不适宜，即使对同一个人而言，在锻炼的初期要安排一些小负荷的运动，但经过一段时间锻炼后，随着身体素质的提高就要适当加大运动负荷。实践证明，运动负荷太小，对机体的刺激强度不够，对促进人体各组织器官、系统生理机能的改善作用不大；运动负荷过大超过机体的承受能力，不仅不能增强体质，反而还会损害健康、产生过度疲劳并容易发生受伤事故。在休闲健身过程中，要合理选择和搭配锻炼的运动负荷，要注意提高人体已经适应的运动负荷。

7. 循序渐进的原则

人们为了适应休闲健身的需要，在人体的组织和功能上会发生一系列变化，这是一个逐步适应和提高的过程。因此，安排锻炼的内容要由简到繁，由易到难；安排的运动负荷一般是由小到大，逐渐提高。因为人体功能的提高有一个逐步发展和逐步适应的过程，所以，在休闲健身时必须循序渐进，不能好高骛远、急于求成。否则，不仅不能增强体质，反而会损害身体的健康。一个经常不参加休闲健身的人，开始就参加长跑，会感到上气不接下气，甚至会出现头晕、眼花、呕吐等现象，这说明机体各器官系统不能适应这种运动负荷。因此，为了取得良好的锻炼效果和保障安全，必须遵守循序渐进的原则。

8. 从实际出发原则

从实际出发原则是指休闲健身的内容、方法、运动负荷的选择与制定，应根据个人的实际情况而定。因为人的体质有强有弱，身体素质也各有不同，个性更是千差万别。由于人们对休闲健身的认识不同，后天锻炼的可塑性也不相同，因此，在选择和确定休闲健身的内容、方法以及运动时，应考虑到自己的性别、年龄、身体状况、兴趣爱好、职业特点以及体育基础等情况。一般情况下，应根据天气的变化，安排一些适合个人兴趣的专门性练习。锻炼时由于存在个体差异，必须因人而异、量力而行，否则，非但达不到锻炼的效果，还会给身体造成伤害。

第七节　休闲体育的注意事项

人们越来越注重现代体育运动,因为体育锻炼不仅给人们带来了健康,还带来了娱乐功能,也突出了体育锻炼对美的追求。但在休闲健身时,一定要注意以下事项。

1. 参与休闲体育活动时必须要先热身

参加任何体育活动,热身都是开始运动前的必要过程。当肌肉越松弛时,它们也更容易被驾驭和扩展,做热身运动将使你减少受伤的机会,因此,花上5分钟的时间,让你的身体完全地活动开,有稍稍出汗的感觉是最好的。这一步是你健身锻炼的良好开端。

2. 极为必要的伸展运动

当锻炼一处肌肉的时候,它会变得紧绷,伸展运动有助于放松肌肉,从而防止第二天的肌肉酸痛。需要注意的是,做这个动作的最好时间是在完成热身运动之后,同时,持续每个动作20～30秒,这将有助于肌肉松弛,使你获得一个更有意义的伸展运动。

3. 避免过激运动

既然健身的目的是为以后一直坚持下去,那么就不要期望一下拿到"金牌"。当你发觉自己的心跳过快,以至于不能一口气说完一句话时,就意味着你的运动过激了。许多教练认为这就是大多数人半途而废的首要原因,因为一旦他们感到运动带给他们的不适,他们就很难再坚持下去了。

另外,如果你认为自己的体质不佳,你可以选择一些较轻松的动作去完成。不想到健身房去的人,可以选择适宜的有氧操视频,学习如何入门和提高动作的协调性，也是不错的方法。不管怎样，只要你不过分给自己压力，并持之以恒，就会从中受益。

4. 补充水分

切记，当你正在进行运动时，身体会因流汗而迅速缺失水分，而这些液体必须及时补充，否则，随着时间的推移你的身体就会出现脱水现象。所以，在运动过程中千万不要忘记给身体补充水分。一般来讲，人体在做运动时所需要的水分比一般情况下要多。此外，充足的水分有助于减少饥饿感，可缩减摄食欲望。

5. 始终牢记安全第一

锻炼是为了增进健康，但如果选择危险性高、难度系数大的运动项目，有可能会造成伤害事故。因此，在利用这些项目进行锻炼时，必须要有专业人员指导和保护，同时一定要量力而行，最好选择难度适中、危险性小的项目进行锻炼。

6. 逐步增加运动强度

高强度的运动并不适用于健身训练之初，对于那些已持续练习6个月或更长时间的人来讲，这是值得注意的。可能会出现以下的情况：在达到某种程度后通常会进入一个停滞的状态，而大部分人可能会认为"我并没看到身体的任何变化"，于是他们会加快步伐，给自己制造更大的挑战——加大运动量，以期达到使身体有所改变的结果。然而，此时你的迫切心情却让你步入了误区。最好逐步地提高运动的持续时间和程度，可以从20分钟延长到30分钟，把5磅重量的哑铃改换为8磅的。只是你不必一次性地同时做到，时间和强度取其中之一就好了。过一段时间之后，你会惊喜地发现，你的肌肉又开始充满了新的活力。

7. 避免动作频率太急

当你正挤出时间完成你的锻炼计划时，你可能会冒险地加快动作频率，并且不顾身体的反应而坚持练习。尤其像举重之类的锻炼，如果你做得太快，剧烈的动作会使你的肌肉超出负荷，从而受到伤害。因此，这里有一个简单的规则：2秒举起，4秒放下，保持有节奏的动作起落，越慢收到的效果会越好。

8. 避免运动中吃喝

听起来很"残酷"，但是你完全可以不做任何食品补充而坚持完成一个一般性的健身训练。事实上，任何不超过2小时的运动都不要求必须补充营养，只要在运动之前的1小时内确保进餐就已经足够了。有一点需要注意：虽然运动饮料没有坏处，但还有什么比纯水更有益于身体呢？另外，酒精含量高的饮食对运动是徒劳无功的。

9. 运动后的必要"冷却"

如同健身之前身体需要时间"预热"一样，身体在锻炼之后也需要时间恢复平静，让心率重归正常。可以缓缓地放慢动作，直到心跳还原至每分钟120下或更少。当感到自己的心跳趋于缓和，呼吸也逐渐平稳时，就完成了最后的"冷却"工作。另外，健身活动完毕之后，一定要及时地更换衣服，以免感冒。

10. 选择适合自己的项目

休闲健身时，要避免盲目从众，人云亦云。在选择休闲体育运动时，应将运动强度不大，令人轻松愉快，具有安抚身心、消除疲劳，且能寻求生理和心理上的放松的项目作为首选。休闲体育强调的是心情的放松、身体的舒适、情感的释放，从而获得身心的满足。因此，在休闲健身时要考虑区域、民族、环境的特点，选择适合自身特点的一些项目。

第二章 休闲体育运动的主要分类

第一节 中华民族传统休闲运动

中华民族传统休闲运动具有悠久的历史和深厚的文化底蕴，特别具有各民族特色，集传统健身、养生、竞技和娱乐等休闲体育功能为一体。中华民族传统休闲运动呈现出众多的休闲运动方式，深受各民族普通大众的喜爱，在各民族中开展得如火如荼。

一、太极拳

太极拳作为中国传统拳术的一种，其文化源远流长、博大精深，是中国传统文化中的瑰宝。长期以来，太极拳因其强身、防身、修生、养性等功能在民间广泛流传。"太极"一词源于《周易·系辞》："易有太极，是生两仪，两仪生四象，四象生八卦。"太极，是指天地混沌未分时的元气，而世界上万物都以阴阳二气造化而成。太极拳就是在太极理论的基础上发展而来的。"太极拳"这个名称固定下来之前，最早被称作"长拳"，因为这种拳招式繁多、变化多端，一打起来犹如长江之水滚滚流淌，滔滔不绝。又因为它行拳如行云流水般流畅，绵绵不断，也被称为"绵拳"。而后又有人称其为"十三式""八门五步"等，直到清乾隆年间，著名太极拳家山西人王宗岳用中国古典阴阳哲学理论来阐述了太极拳的拳理——《太极拳论》，至此太极拳的名称被广为使用。

但是，关于是谁在何时、何地创造了太极拳，各方众说纷纭。其中比较有影响力的看法主要有两种：一种观点认为太极拳是被奉为太极宗师的武当山道士张三丰编创的；而另一种观点也是比较流行于大众的观点，认为是明末战将陈王廷卸甲归田后在自己家乡河南省温县陈家沟所编创的。尽管大众对太极拳创始人是谁意见不同，但对于太极拳是在明清时期开始发展和推广的这一观点都是赞同的。

太极拳这一成熟的拳种并不是可以靠某一个人或者某几个人苦思冥想就能够创造出来的，戚继光的三十二式长拳理论、王宗岳的太极拳论以及张三丰的道家理论等在太极拳中都有所体现，客观地说，它是许多人不断研究传承的结果。太极拳的产生不仅仅与武术拳法的发展有关，与古代气功、导引术的发展也有密切的关系。太极拳主要强调的是身体内部的意念和内气，用意气运动来统领整个身体的运动。

关于太极拳是怎样流传开来的，人们也有很多不同的观点。在现存的各派太极拳中，陈式太极拳的历史最为悠久，其他各派太极拳或直接或间接都是由陈式太极演化而来的。最开始陈王廷所创的太极拳仅限于在河南温县陈家沟陈氏族人中流传，被尊称为"陈氏太极拳"。陈王廷在太极拳发展过程中起到的重要作用是不可否认的。而后自陈氏第十四代孙陈长兴和其族侄陈青萍开门传授外姓弟子，陈式太极拳开始流向社会被传播开来。而师从陈长兴的河北永年人杨露禅学成后到北京传习太极拳时，为了满足宫廷里的达官贵人们练习的需要，改编了拳套动作，删除了一些高难的动作进而开创了舒展大方、架势较高、以柔为主、柔中有刚的杨氏太极。在此基础上，衍生出的各式太极拳流派，主要有陈式、杨式、武式、吴式、孙式。

为了更为广泛地推广太极拳，1956年国家体委组织了多位太极拳专家，在杨式大架基础上，集体创编了简化二十四式太极拳，有力地推动了太极拳的普及，促进了太极拳成为大众健身的重要项目。

太极拳本身就具有良好的健身作用，对外可以强筋骨、壮体魄，对内可以通经脉、调气血，可改善人体机能，适宜多个年龄层次的人群锻炼，可谓老少皆宜。太极拳不仅广泛地流传于中国，而且已迅速地传播到海外。据统计，太极拳已传播到了150多个国家和地区，有的国家练习太极拳的人数还相当多。

二、民族式摔跤

摔跤是中国少数民族十分喜爱的民族传统休闲体育运动，具有悠久的历史。在中国，蒙古族、维吾尔族、藏族的摔跤尤为著名。

（一）搏克

搏克又称蒙古式摔跤。蒙古族摔跤历史较为久远，两汉初期，蒙古族摔跤即具有很强的军事体育性质。到了元朝，帝王十分提倡摔跤运动，每逢重要宴会都会有摔跤竞技助兴。到清朝时，蒙古族摔跤得到空前发展。

搏克对场地无特殊要求，有一块平坦草地或土质地面即可举行。比赛规则简单明了，不限时间，参赛者也不分体重，膝盖以上任何部位着地即为输。搏克运动要求选手腰、腿部动作协调配合，在对抗中充分显示自己的力量和技巧。团体比赛采用3人轮换制或点将制（不得少于5人，均为奇数），个人赛是以个人在预赛、决赛中的成绩确定个人名次的比赛；预赛每场时间为9分钟，决赛时间为5分钟；团体赛是以每队在团体赛中的成绩确定名次的比赛，每局时间为15分钟。这项运动多在"那达慕"大会上举行，数百上千的人观看选手龙争虎斗，场面蔚为壮观。

（二）且里西

且里西又称维吾尔族摔跤，这项运动多在"古尔邦节""肉孜节"上举行。

按照当地风俗习惯,摔跤一般在松软的土地上举行,不分体重,无统一服装要求,无时间限制。比赛选手各在腰间扎一根粗腰带作为对方的抓手,裁判宣布比赛开始后,双方可以使用绊、切、拉、抱等比赛技巧,以双方膝关节以上部位着地为裁判胜负的依据,一般采用三局两胜制,连胜五人即为胜者。

(三) 北嘎

北嘎又称藏式摔跤,早在松赞干布年间即已盛行,分为固定式、自由式、背抵式和马上摔跤四种形式。

比赛场地一般选择较平坦、松软的草地或田地(也可用摔跤垫)。比赛采用方形或圆形场地均可,方形场地为边长14米的正方形,圆形场地半径为7米,场地各线宽均为10厘米。比赛时,运动员必须双手抓好对方腰带(可一手在前,一手在后,或双手在对方背后握抱),仅靠腰臂之力提起对方将其旋转摔倒或蹬踹对方。比赛中一方运动员肩、背、腰、臀、髋、头、体侧任何一个部位着地即为负,对方即胜一局。比赛采用三局两胜制,胜一局得1分,根据得分,确定一场比赛的胜负。比赛分为个人赛与团体赛。个人比赛以个人在所属级别内竞赛所得的成绩确定个人名次,团体比赛以每个团体所有被录取名次的运动员的成绩总和确定团体名次。比赛采用循环制或淘汰制。运动员年龄不受限制,按体重分为五个级别,分别为52公斤级、57公斤级、62公斤级、74公斤级和90公斤级。每场比赛三局,比赛时间为每局净摔3分钟,中间休息1分钟,每局中一方胜一跤即停止比赛,获胜者即胜一局。

第二节　一般户外休闲运动

户外运动是一种参与者通过自身努力而使身心得到锻炼，同时使自身更能贴近自然、感受自然的运动。户外运动主要以户外休闲、体育运动、自然考察、野外生存、登山探险、观光旅游等形式出现。

如今，在喧嚣城市中生活的人们被紧张的工作、污浊的空气压抑得喘不过气来，对大自然的向往就愈发强烈。户外休闲运动这一健康积极的休闲方式在帮助人们锻炼身体、释放压力的同时，也给大众创造了亲近自然的机会。

一、定向运动

（一）定向运动概况

定向运动发展至今已经有一百多年的历史，它最早起源于19世纪末的瑞典和挪威联合王国。定向运动起初只是一项军事体育运动项目，旨在通过训练和比赛提高军人在深山里辨别方向、选择道路以及越野行进的逻辑思维和分析解决问题的能力。1918年，瑞典的一名童子军领袖组织的一次"寻宝游戏"活动促进了定向运动的形成。随着这项运动的进一步推广，从北欧的挪威、瑞典逐步扩展到北欧的芬兰、丹麦，到20世纪30年代定向运动已经在欧洲的许多国家开展开来。1979年定向运动传入中国香港地区，1983年传入中国内地，并于1994年在北京举行了第一届中国定向运动锦标赛。

"定向"一词在1886年首次被使用。定向运动指的是参与者利用定向地图和指北针，按照规则规定的顺序和方式，自行选择路线到达地图上所标示的各个目标点，以在最短时间内到达所有目标点的参与者为胜。世界上第一张专业的定向地图于1948年由挪威人绘制而成。

定向运动一般都会选在野外森林进行，也可以在城市的郊外、环境优美的公园以及规模较大的大学校园等场所进行。

定向运动开展的类型有许多种，比如定向越野、接力定向、滑雪定向、山地车定向、轮椅定向、夜间定向、公园定向等。笔者在此着重介绍一下定向运动中开展最为广泛的定向越野。

定向越野运动是众多定向运动中组织方法相对简单的一项运动，又被称为徒步定向。它主要考察的是参赛者识图用图、野外选择路线和奔跑的能力，男女老少可以同场竞技，是一项适合每个人的运动。定向越野运动在判定比赛成绩的方法上面也比较灵活多变，可以个人跑计个人成绩、个人跑计团体成绩或者个人跑计个人与团体成绩。

定向运动是一种十分健康的益智类体育项目，可综合考查参与者的智力与体力。在帮助人们强健体魄的同时，也培养了其独立思考、独立解决所遇问题以及压力下应变的能力。

定向运动在人们平日运动休闲过程中可以提供一个广阔的社交平台，让来自不同背景、阶层的人有互相交流的机会；定向运动对装备的要求门槛低，所需要的只是一张好的定向地图和一个指北针，服装上可以着专业套装，也可以是普通运动服装，因而有广泛的群众基础，人人都可以参与其中；定向运动给平日里的家庭运动休闲生活提供了多元化的选择，开展过程中能增进家庭成员之间的协作精神，也可使他们回归到大自然中放松身心。

（二）简要比赛规则

1.竞赛路线的设计

竞赛路线的设计要充分体现公正比赛和定向运动的性质，同时还要考验运动员识图和奔跑两种技能。寻找检查点的顺序必须按规定顺序依次进行，在比赛现场的起点、运动途中和终点都安排了裁判和工作人员随时对参赛者进行监督，运动员应遵守该规定。

路线在地图上的表示：起点用等边三角形（边长7毫米），检查点用圆圈（直径5～6毫米），一般最后一个检查点至终点为必经路线，必经路线用虚线表示。三角形或圆圈的中心表示某地物的准确位置，但中心不必绘出。检查点按规定顺序注记编号，编号数字不压盖图上重要目标。除必经路线外，起点到检查点及检查点之间按编号顺序用直线连接，遇有重要目标又不能避开时，连线应断开或画得更细些。竞赛路线、起点、检查点、终点符号、检查点编号一律用红紫色套印或标绘。

2. 检查点说明

①检查点说明的作用是具体描述地图上标示的检查点位置，用专门的符号表示。②检查点说明表在比赛出发前随地图一同发给运动员。③比赛使用国际定联制定的检查点说明符号。

3. 检查点标志

每个检查点应安放检查点标志（简称点标）。检查点标志由三面标志旗连接成三棱体，每面标志旗的尺寸为30厘米×30厘米，沿正方形的对角线分开，左上部为白色，右下部为橙红色。检查点标志应悬挂在图上标明的地点，一般距地面50～100厘米，实际位置应与检查点说明表一致。检查点标志上有代号，代号用英文字母或两位数字表示，颜色为黑色。检查点标志的设置使运动员在寻找时具有一定的难度，但无须隐藏。每个检查点备有打卡器，打卡器上用阿拉伯数字进行注册，并指示运动员确认点标是否正确。

4. 出发顺序的编排

运动员的出发顺序由计算机排序软件在比赛当天自动生成，出发时间表在赛前公布。

5. 出发

出发意味着计时开始。运动员应分批次出发，每批次出发间隔时间为2分钟。运动员在出发点领取各自的地图。起点处悬挂起点横幅，上标"START"字样。除有关裁判人员外，任何人不得进入运动员预备区。如果由于主办者的原因运动员错过了出发时间，则应重新给定一个出发时间。

6. 终点计时及名次排列

通向终点的跑道应用两条带彩旗的绳子引导，并向终点线逐渐收拢，绳长50～100米。终点线宽3米，并与终点跑道方向垂直。终点横幅上标"FINISH"字样，设置在终点线的正上方，使运动员在远处就能看见终点线的位置。通过终点线后，运动员应主动上交地图和号码布。通过终点的运动员，不得再进入竞赛区。终点计时以裁判员计时为准。依据运动员完成全赛程所用时间排列名次，时间短者为胜，如有两名以上的运动员所用时间相同，他们的名次并列，并空出下一名次，在成绩单上排在同一位置，但姓名的前后顺序按出发表的顺序排列。团体成绩以各队参赛选手的成绩相加评定。如运动员漏找或找错检查点，则运动员的成绩无效。终点处设置有医疗站。

7. 裁判机构及方法

裁判委员会由总裁判长、副总裁判长和各组裁判长组成，裁判委员会直接领导竞赛工作，负责竞赛实施和确定竞赛成绩，并监督领队、教练员、运动员遵守竞赛规则。根据竞赛具体情况，在不违背竞赛规则的原则下，赛前可制定有关规定及提出注意事项。竞赛前协同有关部门检查场地及竞赛用品，进行裁判人员的分工和训练，做好竞赛的技术准备。

8. 裁判职能机构及人数

总裁判长1人，副总裁判长2人。起点裁判组：裁判长1人，裁判员若干人。检查点裁判组：裁判长1人，裁判员若干人。终点裁判组：裁判长1人，裁判员若干人。裁判员的人数视竞赛规模酌定，裁判员应严格履行《裁判员守则》，严肃、认真、公正、准确地执行裁判法。

起点裁判组：竞赛前组织抽签，排列出运动员出发顺序表。备齐打卡器、地图等竞赛用品，并负责起点地区的场地布置、区域划分。运动员进入预备区后，负责点名、宣布竞赛规定及注意事项。组织运动员出发，维护起点秩序，适时传呼运动员，分发地图，负责发令和监督犯规行为。

检查点裁判组：准备检查点标志、通信工具等器材，并按路线设计图准确布点。视情况在检查点附近隐蔽设置检查点裁判员，监督犯规行为，并保护检查点标志不被破坏，必要时还可设巡回裁判员。及时与指挥台联络，报告竞赛进展情况及发生或发现的问题，保证竞赛顺利进行。终点关闭后，组织检查点裁判员撤回，并清点器材，收容迷路、退赛、超时或受伤的运动员。检查点裁判员不得穿着色彩鲜艳的服装，裁判员不得在竞赛方面给予运动员任何帮助和暗示。

终点裁判组：备齐终点所需各类竞赛器材，布置终点场地，维持终点秩序。准确记录运动员通过终点线的时间，验证运动员是否经过规定的检查点。收集运动员犯规情况，提出处理意见，报总裁判长裁决。负责竞赛成绩的统计和公布。回收地图和运动员的号码布。宣布终点关闭，通过指挥台通知检查点裁判组，清点终点器材。

二、马术运动

（一）马术运动概况

马术运动是在马上进行各种运动的总称。早在四千多年前的铜器时代就有骑马比赛。现代马术缘起于12世纪中叶的欧洲王室，至今已有几百年的历史，可以说是历史相当悠久的一项传统运动，当时被称为王者的运动，可见马术运动是何等的高贵气派。1734年，美国弗吉尼亚成立查尔列斯顿马术俱乐部，这是世界上最早的马术俱乐部。1953年首次举办世界场地障碍马术锦标赛，1966年起举办花样骑术锦标赛。由于马术运动的参赛者皆穿华丽的礼服，再加上马术观赏性十足，往往会吸引大量观众。因此在西方马术运动凭借其高雅刺激的娱乐性，被誉为第一贵族运动。

中国马术历史悠久，中国的马术运动也曾盛极一时。在汉唐时期，上至王侯将相，下至平民百姓，不论男女老幼都热衷于骑射、马球等马术娱乐活动。马术运动在中国的起源大约可以追溯到三千年以前—据《史记》记载，早在公元前3世纪末到公元前2世纪初，蒙古高原的北方游牧民族中就有了马术运动。马在蒙古族的经济史、军事史上建立过卓越的功勋，马术运动是内蒙古民族传统体育项目之一。赛马被称为蒙古族男子三项竞技中的一项，深受草原人民喜爱。

随着社会的进步和经济的发展，骑马正悄悄地成为现代人的一种生活时尚。1900年第2届奥运会上马术被列入比赛项目。马术比赛分障碍赛、盛装舞步骑术赛（又称花样骑术赛）和三日赛（又称综合全能马术赛），每一项又分团体和个人两项。马术比赛是奥运会中唯一一项完全体现男女平等的项目。在马术比赛的每一个项目中，男女骑手、公马母马各自和同类竞技，并组成不同的团体，作为一个团队，马匹和选手将共同获得奖牌和名次。

1. 障碍赛

障碍赛考验马匹的速度和动作的准确性，要求马匹在规定的时间内按顺序跨越12~15个水池、模拟石墙或横竿等障碍。每个障碍不高于1.6米，在跨越过程中碰倒障碍、拒绝跨越、摔倒、顺序出错或者超时都将被扣分。规定障碍全部跳完后，必须通过终点标志杆，比赛成绩方可有效。最终罚分少、时间快者为胜出者。

障碍赛分三天进行，首日75名选手和马匹进行个人资格赛。第二天的比赛分两轮，产生团体障碍赛的名次和进入个人决赛的选手。第一轮中来自15个协会的最多4名、最少3名选手和马匹参加团体赛的角逐，另有15名选手和马匹参加个人赛的角逐。第二轮，首轮过关的10队进入团体决赛，闯过首轮的另外35人进行个人赛。第三天也分两轮，首轮从第二天闯关的45名骑师和马匹再赛一轮产生20名决赛选手和马匹，第二轮决出个人障碍赛的金牌。奥运会有个人（1900年列入）和团体（1912年列入）两个项目。

2. 盛装舞步骑术赛

盛装舞步被形容为马的芭蕾表演。选手在60米×20米的场地里进行三轮比赛，通过马匹在规定时间内做出行进、疾走和慢跑等规定动作来展现马匹和骑师的协调性、马匹的灵活性以及马匹的驯服程度，力求给裁判和观众留下马匹完全是在自己的意志下完成动作的印象。

首轮比赛分两天进行，将决出盛装舞步团体赛的名次和首批25个进入第二轮的名额。第二轮难度增加、时间缩短，将产生15个进入第三轮的选手和马匹。第三轮是自选动作，骑师和马匹可以在音乐的伴奏下做出各种动作，以骑师和马匹的技术以及马匹的艺术表现力来决定最终的名次。花样骑术的个人赛于1912年被列入奥运会比赛项目，团体赛于1928年被列入奥运会比赛项目。

3. 三日赛

三日赛主要测验骑手与马匹的综合能力。三日赛，顾名思义比赛分三天进行，骑手必须骑同一匹马。第一天进行盛装舞步的比赛，包括步伐和步幅姿态等，规则与单项盛装舞步赛相同，但是三日赛中的盛装舞步要比单独的盛装舞步简单得多。第二天进行速度、耐力和越野能力比赛，即越野赛。越野赛全程由四个区间组成，骑手必须在规定的时间内到达终点，根据所用的时间长短来评定名次。第一区间和第三区间均为20千米，要求骑手速度为平均每分钟240米；第二区间为越野障碍赛，赛程为3600～4200米，其中每1000米设置3个篱栅式障碍，要求速度为平均每分钟600米；第四区间为越野赛，赛程为8000米，其中每1000米设置4个不同的障碍物，要求速度为平均每分钟450米。根据骑手失误罚分和超时限罚分来评定这四个区间总成绩。第三天进行的是场地障碍赛，内容基本上和场地障碍赛的单项比赛相同，只是难度要小一些。场地障碍赛主要测验马匹的体能和顺从程度，沿途设置10～12个障碍，要求速度为平均每分钟400米，其中必须有三分之一达到最高限的障碍和一个水沟障碍。裁判员根据骑手失误罚分和超时限罚分来评定成绩，以三项总分评定名次。三日赛分个人和团体两项，1912年被列入奥运会比赛项目。三日赛是奥运会马术比赛中最艰苦也是最考验骑手与马匹的比赛项目，比赛中充满了危险和刺激，是奥运会马术比赛中技术含量最高的项目。

马术的运动生命很长，运动量介于对抗性运动（如篮球、排球、羽毛球等）与高尔夫这类消遣运动之间，是接近自然的一种运动方式，不仅可以锻炼参与者的敏捷性与协调性，还可以使其全身肌肉都得到锻炼，尤其是腿部肌肉。而且在与马匹的交流中，参与者也能愉悦身心。马术运动的运动量非常合理，既能够达到强身健体的效果，又能够在不知不觉中分解脂肪。有数据显示，骑马10分钟相当于接受1万下按摩或慢跑30分钟，等于跑步锻炼2500米或奔跑1小时，可消耗2700卡路里的热量。

经常参加马术运动还能达到体疗的效果，可对人的情绪和健康状况起到良好的作用。通过骑马能够减轻或消除内心的紧张、束缚，从而培养勇敢、机敏和顽强的特质。另外，通过骑马体疗还可促进新条件反射的形成和新习惯的产生，恢复人们由于长期缺乏正常的体力活动而受损的机能。

第三节　极限休闲运动

极限休闲运动是参与者借助于现代高科技手段和体育运动方式演绎而成的独特运动，它的运动形式能最大限度地发挥自身潜能以及挑战自身的极限，可充分实现自我的价值。

一、攀岩运动

（一）攀岩运动概况

攀岩运动是从登山运动中衍生出来的一种新型休闲体育项目，它起源于18世纪末期的"阿尔卑斯运动"，也就是登山运动。20世纪50年代的欧洲，攀岩运动作为一个单独的体育项目从登山运动中独立并发展起来，最早出现在苏联和欧洲的部分地区和国家，主要是以攀登自然岩壁为主。因为场地是自然岩壁，所以攀岩运动的开展会受场地、天气、交通等一些外部因素的制约。直到1985年法国人发明了自由装卸的，由仿真沙子、石头、玻璃纤维和其他现代高科技原料混合制成的岩壁，才成功地把攀岩运动从纯自然岩壁发展到室内的人工岩壁。人工岩壁的出现使攀岩发展为既是一项运动又是一项娱乐。目前，在国外，各种攀岩俱乐部随处可见，每年都会举办大型、小型、室内、室外、成年、青少年、男子、女子等各种不同形式的攀岩比赛和娱乐活动。

随着攀岩运动的不断发展，攀岩运动的形式也变得多种多样，从不同的角度可以对攀岩运动进行不同的分类。按照攀岩地点可分为自然岩壁攀登和人工岩壁攀登。天然岩壁是大自然在地壳运动时自然形成的悬崖峭壁，给人的真实感和挑战性较强，参与者可自行选择攀岩的岩壁和攀岩路线及攀登地点。人工岩壁是人为设置岩点和路线的模拟墙壁，可在室内和室外进行攀岩技术的训练,难易程度可随意控制,训练时间比较机动,但高度和真实感有限。另外,按攀登形式可分为自由攀登、器械攀登、顶绳攀登和先锋攀登;按比赛形式可分为难度攀岩、速度攀岩、抱石比赛和室内攀岩;按照比赛性质可分为完攀、看攀、红点攀、速度攀岩和大圆石攀岩;根据不同的地貌和攀岩技术特点可分为岩石作业和冰雪作业两大类。

在欧美及亚洲的日本、韩国等地,攀岩运动已相当流行。当今世界攀岩水平数欧美特别是法国与美国最高。相对而言,法国在人工岩壁上占优,美国在自然岩壁上称强。攀岩运动在中国经过十多年,特别是近两年的发展已粗具规模,并吸引了越来越多的年轻人参加,发展前景十分可喜。除了已经建好或正开始修建的天然及人工攀岩场地可供人们训练和娱乐,中国幅员辽阔,山地资源丰富,可供攀岩的悬崖峭壁也比比皆是。

攀岩运动是攀登者借助技术装备和同伴的保护,在不同的高度和角度的岩壁上,在有限的时间内选择自己认为最佳的、最合理的线路,完成腾挪、转身、跳转、引体等惊险的技术动作,依靠自身顽强的意志、体力和思维能力完成整条线路的攀登。同时,它也被全球的攀岩爱好者亲切地称为"峭壁上的芭蕾"。

攀爬悬崖峭壁极具刺激和挑战性,所以攀岩作为一项独立的、被广大青少年所喜爱的运动迅速在全世界普及开来。惊险刺激是攀岩运动最根本的特点,它能充分满足人们要求回归自然、寻求刺激,从中挑战自然、挑战自我的欲望,这也是它深受人们喜爱的根源。攀岩正以其特有的魅力和突出的个性感染着人们。参与攀岩,会让参与者在与悬崖峭壁的抗衡中学会坚强,在与大山的拥抱中感受宽容,在征服攀登路线后享受成功与胜利的喜悦。

（二）简要比赛规则

1. 岩壁要求

所有由国际竞技攀登委员会（ICC）授权的比赛都必须在专门设计的人工岩壁上进行，要求每条路线宽度至少3米，高度至少12米，路线的攀爬长度至少达到15米。经裁判长批准，局部地形窄于3米的岩壁亦可用于比赛。整个岩面均可用于攀登，但选手不得用手抓岩板上的螺丝孔。攀登中不允许使用岩壁的侧缘和顶缘。如果需要把某条路线与其他路线划分开，界线标志必须连续且清晰可辨。路线的起点必须清楚地标明。

2. 比赛形式

（1）难度赛

以先锋攀登、下方保护的方式进行比赛，参赛者按规定顺序依次将保护绳扣入快挂。选手的攀登高度（若在横移或屋檐部分，则以沿路线方向的最大长度计）决定其在该轮比赛中的名次。

（2）速度赛

选手以顶绳保护方式攀登，完成路线的时间长短决定选手在该轮比赛中的名次。

（3）抱石赛

抱石赛由数条技术难度较高的短路线组成。根据安全的需要，针对不同类型的路线采用不同的保护方式（分保护者在上方、保护者在下方、无保护三种）。参赛者的累积积分点数决定其在该轮比赛中的名次。

难度赛中包括以下几种攀登的方式：在规定的路线观察时间里观察路线，然后进行攀登；观看完路线员预先演示再进行攀登；对路线进行规则允许的练习之后再进行攀登。

速度赛在选手攀登之前会由经授权的路线员进行攀登演示。国际比赛可包括难度赛、速度赛和抱石赛等不同项目的比赛，但并非所有的国际比赛都要举行每一个项目的比赛。

二、蹦极

蹦极，也叫机索跳，是近来新兴的一项非常刺激的户外休闲运动。跳跃者站在40米以上高度的桥梁、塔顶、高楼、吊车甚至热气球上，把一端固定的一根长长的橡皮绳绑在踝关节处，两臂伸开，双腿并拢，头朝下跳下去。绑在跳跃者踝部的橡皮绳很长，足以使跳跃者在空中享受几秒钟的"自由落体"。当人体落到离地面一定距离时，橡皮绳被拉开、绷紧，阻止人体继续下落，当到达最低点时橡皮绳再次弹起，人被拉起，随后又落下，这样反复多次直到橡皮绳的弹性消失为止，这就是蹦极的全过程。

1954年，两位地理学家来到彭特科斯特岛进行科学考察，意外地发现了岛上居民使用橡皮绳蹦极这个奇怪风俗。从此，蹦极运动就被传播开来。

1979年4月1日，英国牛津大学冒险俱乐部成员从当地7千米高的克里夫顿桥上利用一根弹性绳索飞身跳下，拉开了现代蹦极运动的帷幕。但蹦极跳的真正发扬光大是在新西兰。早在1988年，A. J. 贺克特和克里斯·奥拉姆就在新西兰成立了第一家商业性蹦极组织反弹跳跃协会。贺克特更是从埃菲尔铁塔上跳下，因而引起了世人对蹦极的兴趣。同年，约翰·考夫曼和他的弟弟在美国加利福尼亚州也成立了一个商业性的蹦极机构。约翰本人就是被电视上的蹦极表演吸引到这个行业中来的，在不到三年的时间里，他们就吸引了1.6万人，每人花费99美元来参加蹦极跳，并逐步发展到大桥式蹦极、飞机式蹦极等多种形式。1990年，又开创了热气球蹦极跳。

到目前为止,世界上有很多国家都已建立了蹦极跳运动基地,例如新加坡、日本、加拿大、澳大利亚以及一些欧洲国家。世界上最高的蹦极点位于美国皇家峡谷悬索桥,高达 321 米;第二高的蹦极点在澳门旅游塔,高达 233 米;第三高的蹦极点在瑞士 Verzasca 大坝,高达 220 米;第四高的蹦极点在南非东开普省齐齐卡马山中一座名为布劳克朗斯的大桥上,高度为 216 米。

蹦极的玩法有许多种,按照跳法分类主要有绑腰后跃式、绑腰前扑式、绑脚高空跳水式、绑脚后空翻式、绑背弹跳、双人跳;按地点分类有桥梁蹦极、塔式蹦极、火箭蹦极;按蹦极技巧和人数还可分为自由式、前滚翻、后滚翻、单人跳、双人跳。每种玩法都会让人有不同的感受。

第四节　滨海休闲运动

充沛的阳光(Sun)、松软的沙滩(Sand)与海浪(Sea)以及滨海清新的空气构成了以"3S"著称的滨海休闲资源。正是这些丰富的资源为开展各项丰富多彩的滨海休闲体育运动提供了天然的场所,滨海休闲体育运动便是在这样的环境中成长起来的。

滨海休闲运动的特征比较明显,它主要是使人们通过充分接触大海和沙滩的方式,达到让人放松的效果,最终达到休闲娱乐的目的。中国有悠长的海岸线,故而也有丰富的滨海资源,这非常有利于为人们提供集悠闲、体育、娱乐于一体的滨海休闲活动。

我们把活动范围集中在陆地的休闲体育活动称为"陆地休闲体育活动",把主要活动范围集中在海滨地区或海上的休闲体育活动称为"滨海休闲体育活动"。滨海休闲体育活动项目众多,其活动形式主要借助沙滩、海水等自然条件及运动器材而开展,如沙滩日光浴、沙浴、沙雕、沙滩排球、沙滩足球、沙滩跑步、沙滩车、冲浪、嬉水、帆船、帆板、海泳、潜泳、休闲潜水、拖曳伞、海上降落伞、高空滑翔伞、海上滑翼机、海钓、岸钓以及船钓等等。本文笔者将着重介绍沙滩足球、沙滩排球、休闲潜水和冲浪。

一、沙滩休闲运动

（一）沙滩足球

沙滩足球是普通足球运动的衍生物，最早诞生于传统的足球强国巴西。20世纪20年代，在里约热内卢的海滩上就出现了沙滩足球运动，当时它的比赛形式是11人制赤脚足球比赛，这便是沙滩足球的雏形。由于沙滩足球不仅能展示参与者花哨的技巧，而且其开展的地点又在美丽的海滨，所以它迅速成为巴西国内流行的一种休闲享受型运动。为了避免这一运动对巴西的传统足球产生负面的影响，当时里约热内卢的市长曾一度想去禁止这项运动，但是由于市民联名上书反对，他改变了想法。正是由于市民的努力与市长的妥协，才使得沙滩足球得到了广泛推广。

随着沙滩足球参与人数的增多，沙滩变得越来越拥挤，要留出空余的场地非常困难，这使得最初11人制的沙滩足球变得很难继续开展下去，所以才有了现代流行的5人制比赛。

沙滩足球不但具有足球运动的基本特点，同时还具备一些独特性：其一，很强的地域性。沙滩足球运动要求在较厚的细沙中进行，有细沙的海滩、江滩、河滩等都是沙滩足球运动的良好场所，有如此条件的城市并不是很多，因此沙滩足球运动大多数集中在沿海地区。其二，极具观赏与娱乐性。沙滩足球运动由于场地松软，缓冲力比较强，比赛过程中常出现"倒挂金钩""飞身扑救"等花哨的技术动作，因此比其他形式的体育活动更具有观赏性和娱乐性。

就中国目前开展沙滩足球运动的情况来看，山东青岛、浙江舟山、福建厦门、广东广州、广西北海等沿海地区组织开展了多届沙滩足球比赛，参与人数众多，极大促进了沙滩足球在中国的发展，尤其是浙江舟山，是开展沙滩足球最好的城市之一。

沙滩足球竞赛简要规则如下：首先，在替换队员方面没有人数限制。两队在同一场地内通过对抗、配合进行攻守。其次，一场比赛时间总共36分钟，包括三个小节，在每两节之间有1分钟的休息时间。最后，沙滩足球根据犯规的不同程度给以不同程度的处罚，通过亮牌的形式进行处罚，包括黄牌、蓝牌和红牌。黄牌的意思是球员被裁判警告一次，蓝牌是指同一球员被裁判第二次警告，红牌是指同一球员受到第三次警告同时也意味着该球员被罚下场。在赛规上，蓝牌可以说是沙滩足球的独特之处，因为领到蓝牌的队员将接受出场2分钟的处罚。就正规的沙滩足球国际比赛来看，因为参赛运动员是赤脚上阵，所以对比赛场地的要求十分严格，场地表面必须是由沙子组成，场地必须是平坦的，场地里面没有贝壳、石头和其他尖锐物。除此之外，沙子必须经过筛选，没有粗块才被允许使用。沙子必须是细颗粒，但又不能太细，否则容易弄脏或粘在身上。另外，沙子的深度不得少于40厘米。

（二）沙滩排球

沙滩排球是传统室内排球的衍生物，在20世纪20年代兴起于美丽的海滨—美国的加利福尼亚，在时间上与诞生于巴西里约热内卢的沙滩足球几乎同时。1927年，该项运动穿越茫茫的大西洋被传播到了法国。20年后，在美国加州的国家海滨浴场举行了首届2人制沙滩排球赛，并获得了不少的赞誉声。随着人们生活水平的提高，沙滩排球得到了良好的发展。沙滩排球不仅只在美国一枝独秀，也逐渐风靡到了美洲的巴西、阿根廷，大洋洲的澳大利亚、新西兰以及地中海沿岸国家。

沙滩排球的基本规则、场地大小、排球大小、计分裁定以及交换发球权等方面均与室内排球运动基本一样。但是，沙滩排球运动具有更大的随意性和娱乐性，对于种种的规则大可以置之不理，甚至可以自己制定规则。同时，沙滩排球对于服装的要求也十分随意，根据个人爱好，背心、短裤、遮阳帽、太阳镜等均可，对于自己身材特别有信心的年轻人也可选择穿比基尼上阵。

国际排联对沙滩排球运动的定义是：在沙滩上或者其他软场地上按有关规则举行的排球运动即为沙滩排球运动。这个定义有效地帮助沙滩排球在全世界范围内普及开来。这样一来，沙滩排球比赛既可以在海边的沙滩上进行，又可以在人造沙滩上举行。同沙滩足球类似，沙滩排球对沙地也有要求，厚度至少达到40厘米。在远离沙滩的城市，即便没有自然的沙滩，也可以修建人工球场来解决此问题。由此可见，沙滩排球运动是开展全民健身、休闲的好项目。

二、海上休闲运动

（一）休闲潜水

休闲潜水是指以水下观光和休闲娱乐为目的的潜水活动，可分为浮潜和水肺潜水。相传在2800年前，也就是米索不达亚文化的鼎盛时期，阿兹利亚帝国的军队为击退前来进犯的敌军，使用了羊皮袋充气由水中攻击，这也就是潜水的鼻祖了。而真正形成现代潜水，则是在160年前，英国的郭蒙贝西发明的从水上运送空气的机械潜水，也就是头盔式潜水。发展到1924年，日本人率先使用面罩式潜水器潜入了地中海底70米的位置，成功打捞起沉船"八阪号"内的金块。这次潜水震惊了世界，让更多的国家关注到潜水设备的研发。20世纪40年代，法国和意大利成功研制出空气潜水装置，它可以根据潜水的深度和潜水者的要求，把储气瓶内的高压空气经过自动供气装置进行调节后供潜水者呼吸，这类装置也是目前潜水的最佳装置。

1. 浮潜

浮潜，是指浮在水面而不潜入水中的浮游活动，所需要的装备是浮潜三宝—面镜、呼吸管、脚蹼。需要注意的是，大多数首次下海浮潜的人最好先在泳池内熟悉浮潜三宝的使用方法，不会游泳的人最好选择穿上救生衣，以保证安全。事实上，浮潜初学者仅仅需要很短的时间便可了解和掌握浮潜三宝的使用技巧。因为借助了呼吸管所以能解决游泳中最难掌握的换气呼吸问题，另外海水的浮力大，只要海中没有大浪，人肯定能漂浮于水的表面，所以学浮潜比学游泳容易很多。

呼吸管的作用主要是帮助浮潜人员面部埋在水面下浮潜时也能够呼吸空气；面镜则是帮助潜水者观察水下景物，同时鼻子罩在面镜内也避免了在下潜的过程中因为水压造成的鼻子灌水的可能，还可以保护耳膜；脚蹼的推动力可以帮助人们更省力、更快地到达目的地，同时也可以保护人的脚不被海里的生物刺伤或刮伤。

2. 水肺潜水

水肺潜水，是指带着压缩空气瓶（非氧气瓶），利用水下呼吸装置潜入水下的活动。水肺潜水装备包括面镜、呼吸管、脚蹼、呼吸器、潜水仪表、气瓶、浮力调整背心和潜水服等。潜水员在开放水域潜水时，还会携带潜水刀、水下手电乃至鱼枪等必要的辅助装备。

水肺潜水还有两种分类——休闲深潜、技术深潜。其中休闲深潜以休闲为目的，技术要求相对不是那么高，一般入潜深度不超过40米；技术深潜一般都是有一定目标或主题项目的潜水，属于高要求的潜水，适用于工业、商业或者军事用途，当然也不乏狂热的潜水粉丝会去尝试。

水肺潜水有严格的规定，最大的潜水深度是40米。另外，没有潜水证的人可以选择参加体验潜水，限制的极限潜水深度是 12 米，但此类潜水必须有专业教练陪同。而持有 OW（Open Water Diver）和 AOW（Advanced Open Water Diver）潜水牌的潜水员只要有配对潜伴便可独立下潜，其中初级开放水域潜水员（OW）限制的极限潜水深度是 18 米，进阶开放水域潜水员（AOW）限制的极限潜水深度是 30 米。潜水员在潜水过程中需要维持在个人受训经验的限度内，参照潜水计划表进行潜水，并同时在潜水日志上进行记录。在陌生水域进行潜水时，需要请当地的潜导带引。这里说到的 OW 和 AOW 是两种潜水员执照，可以通过专门提供潜水培训和认证的组织考取。以普及度和知名度最高的 PADI（职业潜水教练协会）来看，初级开放水域潜水员的培训只需要 3～4 天的时间，其中包括了 2 天的录像演示教学，2 个水池训练和 2 个开放水域潜水训练，过程中会有笔试部分考查浮力知识，同时也有水中的实际操作部分，如控制中性浮力、调节耳压平衡、处理潜水装备等。

潜水运动作为一种大众健身休闲运动正逐渐风靡全球。潜水可以发掘人体的潜能，可以通过潜水训练来加强人们的心理承受能力和提升心理素质。同时，因为水下散失热量比在陆地上要快得多，因此潜水也是有效的减肥手段。更为重要的是，人们在潜入海里时可获得难得的经历，从而为人们打开另外一扇逃离喧嚣凡尘的梦幻之门。

（二）冲浪

冲浪是一种非常紧张刺激的水上运动。很多人以为冲浪是一种新兴的运动，其实不然，它起源于几百年前的太平洋岛屿，是由古代的波西利亚人发明的。英国著名的航海家兼探险家詹姆斯·库克船长在 1788 年抵达夏威夷群岛时，冲浪游戏就已经是那里很受欢迎的一项海上运动了。

冲浪运动通常是从人身冲浪（即直接踏水）的训练开始的。人身冲浪，指的是冲浪者先游泳离开海岸去等待海浪，当海浪冲向海岸时，冲浪者就侧身游向海岸，当游到浪峰上时，冲浪者把脸朝下，背部拱起，并把手放在腿的旁边，这样海浪就会把他冲向岸边。等到海浪消失，冲浪者就可以两手张开以减慢速度。这种冲浪感觉训练以及平衡感训练在冲浪板冲浪中是相当重要的。

平衡感调节到位以后，便可以开始利用冲浪板进行冲浪。这时需要冲浪者将腹部趴在冲浪板上，然后划到海浪成形的地方。当大浪开始冲向岸边时，冲浪者需奋力划到海浪的前面，在海浪开始把冲浪板冲向海边时，冲浪者迅速站立起来，一脚在前，一脚在后，以改变身体的重心来驾驭冲浪板。优秀的冲浪者可以移动自己的重心到冲浪板的前端，但大部分人都是站在中央或者后面部分来控制方向的。

虽然目前冲浪运动在中国还不普及，但是从国外的发展情况来看，冲浪运动很受广大体育爱好者的欢迎，在中国还不普及的原因主要是受到运动条件和场所的限制。随着全民健身运动的开展和冲浪运动场地的完善，相信学习冲浪这一既刺激又新鲜的运动的人将会越来越多。

第五节　冰雪休闲运动

19世纪以来，世界各国积极开展体育运动，各类运动项目层出不穷、百花争艳，其中冬季运动项目得到了较快的发展，冰雪运动在欧洲尤其是在北欧以及北美一些国家迅速发展起来。1924年，在法国的沙莫尼举行的第一届奥林匹克冬季运动会标志着世界冰雪运动开始迅速发展起来。

在中国的东北、华北以及西北的广大地区，冬季大都会开展以冰雪运动为主的休闲体育运动，其中东北的黑龙江、辽宁、吉林是开展冰雪运动的重点省份。中国的北方冬季平均气温在-15～-23℃左右，冰雪期大概有

4个月，天然的滑雪滑冰场地资源，江、河、湖以及水库等冰场遍布各处，十分适宜不同人群开展各式各样的冰雪体验。

一、滑雪休闲运动

滑雪运动是指人们基本呈站立姿势，脚踏滑雪板（双只或单只）或手持滑雪杖（或不持滑雪杖）在雪面上滑行的运动形式。"立""板""雪""滑"是滑雪的基本要素。

历史上最早出现的有关滑雪的文字记载是大约公元前7—10世纪，中国唐代记述过，"在北方的邻国有一个驾乘木马的民族"，同时在《山海经》中也有对滑行方面的记述。而最古老的滑雪运动传说则出现在古代挪威、芬兰这些北欧各国的故事里，被誉为"冬神"和"滑雪女神"的渥鲁和安德瑞迪斯，经常驾乘着前端弯曲的雪具往返于山坡之间。

现代的滑雪运动起源于斯堪的那维亚国家。就滑雪运动的开展普及程度和运动水平而言，该地区都处于世界滑雪运动的领先地位。

滑雪运动从历史沿革角度可划分为古代滑雪、近代滑雪、现代滑雪；根据滑行的条件和参与的目的可分为实用类滑雪、竞技类滑雪和娱乐健身类滑雪。实用类滑雪用于林业、边防、狩猎、交通等领域，现已多被机械设备所替代，逐渐失去昔日的应用价值。竞技类滑雪是将滑雪升华为在特定的环境条件下，运用比赛的功能，达到竞赛的目的。娱乐健身类滑雪是适应现代人生活、文化需求而发展起来的大众滑雪运动。大众滑雪运动集健身、消遣、审美等作用于一身，从而走进了普通大众的休闲生活。对于有能力进行滑雪休闲运动的人来说，滑雪运动不仅仅是一种社会时尚，是自身的一种积极生活态度，同时也可以满足健身和娱乐的双重目的。

滑雪是比较复杂的运动，所以在开展运动之前要做好周全的准备，了解滑雪环境，包括滑雪类型、雪道格局、天气等。雪道格局主要是指雪道的坡度、高度和周边的状况。滑雪者需要根据自身的滑雪水平来选择相应的滑道，还要熟悉雪场的设施分布情况，以防遇到突发状况便于求救。同时还需要了解各种滑雪装备，包括滑雪板、安全绑带、滑雪鞋、滑雪手杖、太阳镜等装备的正确使用和佩戴。

滑雪的五个基本技巧与要领如下：第一步步行，从穿上滑雪器开始需要学习的第一个动作就是步行，跟一般走路没有区别，只是穿上滑雪器后会略显笨重和不习惯，可以先来回走几圈慢慢适应平衡。第二步跌倒，以侧身着地最为安全，在跌倒前一般重心后移，身体向某侧倾斜，最大程度地减小不必要的受伤。第三步方向变换，以滑雪器的前端或尾端为圆心，将欲转变方向内侧之滑雪器，向欲转换方向分开成 V 字形，再将外侧滑雪器靠拢过来（本方向变换仅适于在平坦的雪面上进行，若是斜坡上则不适用）。第四步登行，某些有条件的滑雪场会提供缆车，可以直接乘坐缆车上山。如果没有缆车的雪场可以选择脱掉滑雪器，扛着走上去。第五步平地滑行，双脚平行站立，运用手腕的力量将雪杖往后推，从而使身体和滑雪器向前滑行，这个过程中比较重要的就是保持身体的重心平衡，防止后坐跌倒。

二、滑冰休闲运动

滑冰是中国北方传统的体育运动项目，有着悠久的历史，最早出现在宋朝。《宋史·礼志》中就记载了滑冰运动："幸后苑观花作冰嬉。"随着时代的发展，冰嬉运动到清朝的时候已经成为民间非常普遍的文体娱乐活动。

人们利用冰刀在冰上滑行的冬季运动项目最早起源于 10 世纪的荷兰，大约在 13 世纪，此项运动在英国盛行开来，在 19 世纪末传入中国。滑冰运动主要分为速度滑冰、花样滑冰、冰上舞蹈和冰球等，其中速度滑冰是冰上运动中最为普及、最为易学的一种，是其他冰上运动的基础，受到广大青少年的喜爱。在练习速度滑冰的过程中，能有效地增强体质，提高自身机体的平衡能力和抗寒能力，同时还能锻炼青少年顽强勇敢的意志力。

速度滑冰的几个关键技术如下：其一，直道滑行。直道滑行是速度滑冰最基础的技术，正确的滑行姿势是将上身放轻松并向前倾斜，腿部弯曲大约呈 90°～110°角，两臂放松置于背后，当然滑行的姿势根据个人的特点和喜好会有所不同。直道滑行关键点在于掌握恰当的蹬冰时间，当冰刀切入冰面获得支撑时就应开始用力来蹬冰前行。其二，弯道滑行。其基本姿势与直道滑行大致相同，不同点在于向心力的作用。在弯道滑行过程中，身体始终保持向左倾斜，使用左脚外刃、右脚内刃蹬冰。其三，摆臂动作。在滑行过程中，适当地摆臂可以起到协调的作用。无论采用双摆臂还是单侧摆臂，都要用力，注意摆动方向与滑行方向要保持一致。

第六节　静态益智休闲运动

一、中国象棋

象棋在中国有相当长的发展历史，是中国最为普及的一种益智类游戏，规则简单。交战双方各 16 枚棋子：双车，双炮，双马，双象（相），双士（仕），五兵（卒），一将（帅）。一般红棋先行，以"将死"或"困毙"对方将（帅）为胜。作为古代博弈的一种，相传在战国时已有象棋，在汉朝则有了历史记载。其后，北周武帝制《象经》，集百僚讲说。据传，《象经》有日月星辰之象，以寓兵机。宋司马光作有《古局象棋图》。当然，在数千年发展历史中,古代的象棋已与今日我们所熟知的象棋有了很大的不同。

"象棋"这一称呼在战国时期就出现,据《楚辞·招魂》记载:"菎蔽象棊,有六簙些。"后人注曰:"言宴乐既毕,乃设六簙,以菎蔽作箸,象牙为棊,丽而且好也。"但这时的"象棋"是指运用黑白各6枚棋子所进行的一种博弈游戏,并不是我们现在所通行的象棋。而且,由于棋子制作成本高昂,这类运动多在王公贵族中流传。

后来,象棋逐渐发展为唐代的宝应象棋,在唐末宋初象棋制艺逐渐走向成熟,结束了之前流传于各地参差不同的棋式,棋子也发展到32枚各半。尤其到了宋代,象棋棋子及棋盘基本定型,棋盘有了"楚河"与"汉界"之分,增加了士、象、炮等兵种。至南宋,中国象棋基本定型,走法也改为与今相同,逐渐淘汰了立体象棋子,由铜铸或木制的涂色文字棋子来代替,并一直延续至今。

象棋在棋子、棋盘的设置上处处体现着中国历史的人文遗留,甚至可以说流传千年的象棋博弈是不同指挥者对楚汉争霸的一次又一次模拟。首先,象棋棋子的名目大多来自楚、汉两军,深受当时政治军事体制的影响。其次,棋盘上黑、红"河界"对阵,则是楚、汉两军隔鸿沟对垒的模拟。据《史记·秦始皇本纪》载:"楚军旄旌节旗和服饰皆为黑色。"象棋棋子一方着黑色即源于此。相对的,棋子中的红色一方当然是指刘邦。

象棋演变至今具有不可忽视的文化成因。古人曾精辟地指出:"厥类止七(棋子有七个名目),厥棋止三十有二,厥路每前纵者九,横者五。"(焦循《象棋赋》)这里的横竖布局是大有讲究的。依据中国古朴的传统文化意念,九代表"极",九竖就表示最高,有九天、九霄的含义;五横则表示四方和中央,即至宽、至大、至广。竖九横五组合成了"九五",代表了天下、皇位。以"将"为中心,士、相、马、车两边对称地排列,在底部组列成"九"的格局。在这个特定的文化思维范畴之内淋漓尽致地展现了"九五之尊",

处处深化"国家"和全局观念，巧妙地把浑厚深邃的传统文化融入游乐益智的体育运动中。

象棋是人类智慧的体操，是高雅的艺术，同时又是世界上最古老的战争游戏。在这场头脑与心智的较量中体现了"智、信、仁、勇、义"。智：运筹于帷幄之中，决胜于千里之外；信：三军对垒，将帅坐镇中军，上下同生共死。士相环绕，士不离九宫，象不过河界，专心护主，忠信也；仁：棋至残局，虽大子尽失，然士相全可和一车，小卒终局对面笑，不至于战至一兵一卒之惨烈；义、勇：士为知己者死，虽小卒亦知义。这是中国自古以来追求的道德境界。

现将中国象棋的经典古谱介绍如下：

1.《梦入神机》

约刊于明嘉靖之前，原书共12卷，篇幅宏大，资料丰富。现仅存卷一、卷二、卷三之残本，有185局，残局100局。以红先胜局为主，局势虽大多简单，但甚精彩，是现存较早的一部棋谱。

2.《百变象棋谱》

祖龙氏编，明嘉靖元年（公元1522年）刊印，有简短残局70局，其中红胜局8局，和局62局。记谱时使用文字说明，具有早期象棋残局和记录方法的特色。清康熙及乾隆年间均有翻印版。

3.《金鹏十八变》

作者佚名，成书年月不详。本棋谱系统阐述了斗炮局的各种变化，同时也指出屏风马的战略方向。

4.《适情雅趣》

金陵徐芝编，明隆庆四年（公元1570年）刊印，全书10卷，一至八卷为残局图式，计 550 局。主要介绍顺手炮、列手炮的各种变化，是现存内容最丰富、局例最多、规模最大且较完整的象棋古谱。

5.《桔中秘》

明朱晋桢辑，崇祯五年（公元 1632 年）刊印。分类和棋谱的编写方法都比较完整，是明清两代版本最多的象棋谱，影响颇大，流传甚广。

6.《自出洞来无敌手》

署名纯阳道人著，成书年月不详。偶有印本，多凭手抄本流传，为数亦极少。

7.《梅花谱》

清王再越著，6 卷，均为全局着法。对顺手炮、列手炮、过宫炮、屏风马、当头炮等均有专题研究。变化细致深刻，着法精彩。

除此外还有《无双品梅花秘》《韬略元机》《吴绍龙象棋谱》《石杨遗局》《梅花泉》《崇本堂梅花秘谱》《心武残编》《百局象棋谱》《渊深海阔象棋谱》《竹香斋象戏谱》《烂柯神机》《蕉窗逸品》《蕉竹斋》《梅花变法谱》《吴氏梅花谱》《善庆堂重订梅花变》《反梅花谱》《象棋谱大全》《中国象棋谱大全》等。

象棋的历史源远流长，在中国民众的娱乐生活中扮演着异常重要的角色，下至垂髫小儿，上至耄耋老人都参与其中。这与其自身随历史大势发展演变有关，更离不开它自身的魅力。它集体育、艺术和智慧于一体，当中有引人入胜的对局，有构思精巧的安排，有狂热的意志和冷酷的计算。象棋对人思维能力的要求使它成为一种智者的游戏。

二、桥牌

桥牌起源于英国，由惠斯特牌游戏发展而来。出版于 1886 年的《比里奇或俄国惠斯特》小册子最早以文字形式提到"桥牌"这一名词。现代桥牌的另一源头是法国的"登高牌戏"。到1925年，范德比尔特提出了一种完善的新式桥牌，他以登高桥牌为主，增加了局况因素，并制定了一套合理的计分方式，获得了巨大成功，成为现在广为流传的"定约桥牌"。1958年，世界桥牌联合会成立，由美国、欧洲、南美洲的代表发起，总部设在瑞士，目前有128个国家和地区加入，会员近百万人。

1980年，中国成立了中国桥牌协会，使这一休闲活动得以迅速发展。中国桥牌协会实行会员制及技术等级标准，从此中国桥牌赛事日趋规范，逐渐走向世界。中国桥牌手在世界比赛中的成绩也不断提高，曾获得世界公开赛双人项目冠军、世界大学生赛冠军。2007年，桥牌比赛正式列入中国大学生运动会比赛项目。而今，各地举办的桥牌赛事接连不断，为持续推广桥牌运动奠定了基础。

最早的桥牌叫惠斯特，其基本打法为东家、西家组成搭档对抗南家和北家，使用四门花色共52张牌，每门花色的大小顺序是A、K、Q、J、10、9、8、7、6、5、4、3、2，其中A最大，2最小。北家为第一场的发牌人，以后按顺时针轮换。最后一张牌的牌面向上，规定与之同花色的牌为将牌花色，其他为副牌花色。进攻是由发牌人左边的牌手先出牌，即首攻。首攻之后，发牌人的搭档不参与打牌，只是将自己的牌面摊开，接受发牌人的指令出牌。这一局的胜者是下一局的发牌人。

定约桥牌也就是现代桥牌采取的是不同于惠斯特和竞叫桥牌的复式比赛方式，持牌的好坏不起决定性作用，只是发挥叫牌和打牌技术的客观条件，而智慧和技术才是决定胜负的关键。这对桥牌成为正式的体育竞技项目起了决定性的作用。定约桥牌的复式竞赛方法如下：同样的牌，在不同的赛桌上由不同的选手采取同样的比赛程序再进行对抗，计算胜负时，只计算不同赛桌上同方向搭档之间在这副牌上所获得的分数差值。

桥牌作为一种益智类的体育项目素有"大脑健美操"之称，它不仅使参与者得到身心的锻炼，在游戏中更可培养参与者的团队精神和集体意识，与当今时代的要求相符。所以桥牌能吸引众多的爱好者，可以使不同年龄、不同水平、不同层次的人都从中得到乐趣。

第三章　休闲体育的社会功能与社会发展

第一节　体育教育与人类需要

体育教育应配合学校教育，致力于解决人类更好地生存这一新课题，使体育教育更好地为满足人类生存的多种需要和改善人类生存状态服务。美国心理学家马斯洛提出的需要层次论，深刻地揭示出人类自身需要的本质。人类五个层次的需要与人对体育教育的需要本身就有着内在的联系。这是体育教育本质功能的表现，无论是自我价值实现，自我尊重的需要，还是自我安全、社交的需要，都与体育教育有着广泛的联系。

人类的生存需要除了人能动地改造物质世界以满足自身外，还有人类生存需要所反映出的客观性，人不得不受到由人们的生存条件、生存能力、生存方式所决定的生存状态的影响和制约。人类如何生存发展，这就需要解决人类怎样掌握生存和发展所必备的知识、技能和形成各种本领问题。

体育教育应在解决人类所需的这些实质性问题上发挥出自身应有的独特作用。从目的来看，体育教育应是为人类身心健康与人的发展服务的；从过程来看，体育教育应是一种有效地掌握体育基本知识、技术以及卫生保健常识、技能的学习过程，是一种教与学的过程；从内容来看，体育教育应包含人类生存与发展所需要的各种生存能力的形成与提高的内容。

我们不仅仅在理论上要认清身心培育的教育属性，在身心教育的实践中还应充分反映出具有教育属性的身心培育活动。那种在实践中单一的运动性和活动性用来达到身心培育目的的做法以及把它简单地看作是一种体育教育性质活动的观念是错误的。这只能反映出我们某些体育教育工作者在认识体育教育本质问题上，还存在着不足，具有不完全性和不深刻性，仅仅看到了体育的特殊性，没有看到教育的普遍性。

大家都知道，当婴儿开始伸展四肢，幼儿开始学习走路时，表明他们都具备基本活动的能力，这仅仅是运动的原始状态，包含了体育运动要素中的一些而不是全部。这还与婴儿自发的本能需要有关，并未构成内涵深刻而丰富的科学性体育运动。它的本质理应是让人们通过一般教与学的活动过程，去掌握知识、技能以及科学锻炼身体的方法，去学会人类生存与发展所必备的某些生活能力和本领。只有这样，才能达到体育为人类生存发展服务的终极目的。

第二节　休闲体育实践与民族文化休闲

一、概述

体育教育过程应是一种理论，实践，再理论，再实践的过程。把体育知识、技术和方法以及体育卫生保健常识和技能运用于体育运动实践和人类生活实践中去，这是体育教育的根本特征。

人的需要与人对体育教育的需要有着多方面的联系。随着社会的进步，体育功能也在不断拓展，这种拓展又意味着体育教育与人们社会生活方面的联系日益加强，意味着体育教育在满足人类生存与发展的需要上，无论在广度上还是深度上都在不断地延伸。这就要求我们在体育教育发展中，充分考虑到社会需要与个人需要的融通、物质需要与精神需要的平衡、短期需要与长远需要的兼容等问题。

从现阶段社会发展的趋势看，学校体育的着眼点应放在培养学生的生存能力、自我指导锻炼能力、体育运动能力等方面上来。其中，使学生学会和掌握各种基本的生活技能，养成各种良好的生活习惯，无疑对学生适应生活以及更好地生活具有重要的现实意义。

体育教育过程包含两个重点，一是人的内发性自尊、自强、自爱、自我价值实现的需要，二是人的身心健康发展的需要。而体育教育则可通过促进学生能力发展的学习过程，使他们多方面的需要得到满足和实现。

传统体育教育的注意力仅仅局限在发展学生在校期间的身体上，忽视了学生各种能力的发展。要学会生存，在体育教育中就不能仅以发展学生的身体为满足，还必须从广泛的领域，培养他们适应未来新生存环境的各种能力，使他们成为能够适应未来生活需要的现代人。

事实上，正确的走、站、坐、卧姿态，良好的作息和饮食卫生，用眼和用脑的卫生常识，游水能力，各种自我防卫技巧，防火常识，摹本的运动创伤救护常识和方法，交通安全常识等体育卫生保健的内容，都与人类生存与发展的需要紧密相关。休闲则是指在非劳动及非工作时间内以各种"玩"的方式求得身心协调与放松，达到生命保健、体能恢复、身心愉快的目的的一种业余生活。

二、传统武术民族文化休闲价值

伴随着工业社会的来临，科学技术的不断发展，人类进入了现代化的发展阶段。人们维持生活需要的社会必要劳动时间减少，自己支配的剩余时间增多，在此情况下，休闲将成为人类社会的重要特征。从现代社会发展的基本趋势来看，休闲已经进入了人们的生活领域，成为每个人都必须面对的现实，因此我们有必要选择我们认为有意义的、健康的活动形式，从容地度过这些时刻。研究表明,运动休闲是人类度过休闲时间的最好方式。

大力发展休闲体育倡导慢运动有利于推广全民健身。近年来,群众休闲需求不断高涨,大力发展休闲体育成为我国社会体育工作的重点。专家认为,慢运动是一种新的运动方式和生活理念,在社会体育工作中融入慢运动概念有利于推广全民健身。中国休闲产业经济论坛组委会秘书长、上海不知慢运动研究中心主任赖惠能在此间表示,慢运动具有主体自由随意性、形式轻松灵活性、效用丰富综合性、参与广泛普及性等特点,可以成为推广全民健身的好抓手。据了解,狭义的慢运动是指一切区别于竞技运动的运动,即人们利用闲暇时间进行的强度不大的可持续性活动,强调时间长、负重小,如漫步、瑜伽、打球、钓鱼、爬山、跳舞等。从广义上讲,慢运动更是一种理念和生活方式,核心是从容地做好生活中的每一件事情并从中得到享受,比如家庭主妇上街买菜、工薪族步行上班等。

东方文明强调天人合一、修身养性的理念,在信息时代人们普遍回归以人为本、追求舒缓生活的状态,于是慢运动应运而生。赖惠能说:"在如今社会压力普遍增大、全民体育兴起的时候,慢运动有其现实和理论基础,正日益受到人们的欢迎。"

第三节　休闲体育的兴起

"休闲"的英文是"leisure",来源于古法语"leisir",古法语源于希腊语。"休闲"在希腊语中为"schole",意为休闲和教育。在法国,休闲用作单数时,它可有两种含义:第一,是将休闲与休闲的时间等同起来;第二,休闲首先是独立于可能填补这一可自由支配时间的活动的空闲时间。而M.卡布朗把休闲定义为:任何能自由选择、能使个人在进行这一活动的过程中谋得自由这样一种感受的活动都属于休闲范围,由此,休闲将首先是个人的一种心理态度。

"休闲"一词意义的异化是近代工业文明兴盛之后的事情。工业革命以后出现的"经济崇拜"和"效率崇拜"浪潮,更强化了人们追求效率的念头,以至于人们也像利用各种资源一样去利用空闲时间,空闲时间要么是成为恢复体力与脑力,以便更有效率地工作的手段,要么是人们在空闲时间拼命地追求各种刺激和放纵自己,以致空闲时间的利用也如同劳作一样的匆忙和紧张。因此,近代以来,力图恢复希腊人关于"休闲"之古义的声音不绝于耳。《国际休闲宪章》认为,休闲就是人们在完成工作和其他任务之后,在自由支配的时间内所进行的活动,是以补偿性活动为基础的活动。

一、兴起

休闲娱乐的社会化、终身化的发展,是因为科学技术的进步及其在生产、生活中的广泛运用,为休闲时代的来临奠定了雄厚的物质基础,提供了充裕的闲暇时间。第二次世界大战结束以来,以美国为首的西方经济得到了飞速的发展。特别是20世纪60年代以来,随着电子计算机的大量运用,出现了第三代工业革命。从1951年到1970年,联邦德国和日本的工业生产平均每年增长7.5%~14.1%。这种经济发展速度,为休闲娱乐的发展提供了逐年增多的经费,再加上休闲娱乐场地设施日益增加,收入的提高使休闲娱乐参加者迅速增加。

在信息社会,人们对于工作和休闲更是分不开了。人们在家里上班,免去了上下班的舟车之劳,通过互联网可以足不出户地进行电子商务、网上购物,衣食住行玩乐都可以在家中进行,此时可以实现在工作中休闲,在休闲中工作。

信息革命的结果使工作在人一生中所占的时间越来越少。一项对英国公众所做的调查显示：尽管现在一般人的职业生涯仍然要持续 40 年左右，但一生有效工作时间已由 1856 年的 124000 小时缩短至 1983 年的 69000 小时。人的一生用来工作的时间所占百分比已由 50% 减少到 20%。美国《未来学家》杂志撰文说：随着知识经济时代的来临，未来的社会将以史无前例的速度发生变化。新技术和其他一些趋势可以让人们将生命中 50% 的时间用于休闲。休闲的中心地位将会进一步突出，人们的休闲观念也将发生质的变化。

休闲表现为个人或集体的积极实践，由于这些实践的扩展及其所需的基础设施，使休闲成为重要的社会现象。以法国旅游业的发展为例，每年外出度假的法国人越来越多，外出率超过 60%。周末或短期假期外出的增加更说明问题。体育娱乐发展更令人吃惊，法国自发参加体育活动的人数已无法统计。在这方面，慢跑的例子很有趣，刚开始是一种时尚现象，之后却出乎人们预料地延续和发展起来。

在美国，休闲通过渗透于社会、经济、文化来影响整个社会。人们通过休闲来实现自我追求的目标。目前，越来越多的美国人都以属于自己支配时间的多少和能否从事自己感兴趣的事，来判断其生活质量。今天的美国社会，在使人们工作时间不断缩短的同时，还为人们提供了多种公共性的、私人非营利性的、商业性的场所和设施，使人们能参与各种各样的休闲活动。休闲文化的繁荣与一个民族的创造力是分不开的。在英文中，"recreation"这个词是一个合成词。"Re"作为前缀，是"不断、反复"的意思，"creation"的意思是"创造"。不断地玩，才能不断地创造，创造依赖于游戏。它喻示人通过休闲、放松身心来获得自己精神的解放，因为创造和精神自由是密切相连的，人在沉重的负担下就没有什么创造力。

美国宾夕法尼亚州大学健康与人类发展研究院休闲研究系教授杰弗端·戈比在其所著的《21 世纪的休闲与休闲服务》一书的中文版序中不无远见地指出："21 世纪是一个将会发生深刻变化，也最能揭示人类的目的，同时又有着很大不确定性的世纪。人类有意识的进化，将使变化的速度超出此前的任何一个世纪。……在中国和世界上许多国家中，人们的闲暇时间在增多，由此而产生的问题和带来的机遇都是跨越国界，也是跨文化的。每个文化都不断地对休闲进行构建和重构，中国也正在对休闲进行重构：我们真诚地希望这一重构将产生辉煌的成果。"

二、中国休闲时代的到来

以中国人民大学教授王琪延博士为首的"生活时间分配"课题组的抽样调查显示：我国城市居民平均每日工作时间为5小时1分，个人生活必需时间为10小时42分，家务劳动时间为2小时21分，闲暇时间为6小时6分。四类活动时间分别占总时间的21%、44%、10%和25%。从终生时间分配来看，正规学习时间约为全部生命时间的7%，工作时间仅仅占1/10，生活必需时间几乎占去了整个生命时间的一半，闲暇时间约占1/3。毋庸置疑，我们正在进入一个休闲在人们的生活和社会经济中越来越重要的时代。

休闲，其实就是如何利用以前我们很熟悉的"业余时间"。今天，你可以在任何一个城市找到你喜欢的任何一种休闲娱乐场所：保龄球馆、游泳馆、网球场、桑拿房、健身房、游戏厅……休闲文化开始渗入到人们的日常生活中，假日经济也已经成为一个新的经济增长点。休闲有它缘起的文化背景和社会背景，与经济发展相协调。

由于运动休闲市场巨大，所以在西方工业国家，运动休闲作为休闲产业的重要部分已发展为一个独立的增长部门。在社会生产力极大提高与科技飞速发展的今天，社会必要劳动时间越来越短，人们的空闲时间越来越多，但人们并不因此而越来越会"休闲"。物理意义上的"空闲"，并不能给人们带来真正意义上的满足，人们迫切需要休闲娱乐的理论研究，解决在实践中凸现的问题。

与休闲时代平行的是"身体时代"的来临，所谓现在是比脑力和数码，而不比体格和体力的说法颇值怀疑。健身和强健的体魄，从未像今天这样被需要；"角斗士"和"武侠"式的个人体力成为当今影视的热点，也绝不是偶然。在休闲时段，大力发展个人健身意义上的"体育"活动，非常重要。综合国力的竞争，是高科技加"高"身体的竞争。如果各行各业都来开掘休闲文化内涵，而不仅仅满足于休闲利润的计算，那么，休闲产业的经济规模才能真正得到稳步扩大。

由于现代休闲活动对个性发展和社会文明建设具有极其重要的作用，因此受到社会各界的重视。我国在开展社会主义精神文明建设和全民健身活动中，将体育休闲活动作为重要方面来积极组织和引导人们参与，希望人们充分享受美好生活，并通过休闲活动增进健康、陶冶情操、丰富生活，促进社会稳定和发展。

三、中国的休闲学术发展

关于运动与休闲的研究，国外从20世纪60年代起初见端倪，习惯称之为运动休闲。从时间的角度定义休闲，是普遍且易接受的观点，即指从事休闲活动所使用的时间，是生活当中可自由、随心所欲运用的部分。我们可以把人的时间分成三大部分：生存所需的时间，如睡眠、饮食；维持生命所需的时间，如工作；休闲的时间，意即可从事其他活动的时间。陈彰仪以剩余说的观念定义休闲活动是工作以外时间减除生存所剩余之自由时间中所从事的活动。

有学者认为休闲活动有两类，一类是动态，一类是静态。动态的休闲活动就是休闲运动。有学者把另外一个与运动休闲相类似的概念——"运动性休闲"定义为：根据个人自由意愿与个人特定之参与目标，于课余时间之内主动且积极所从事具有运动性质之活动，包括动态性与体能性之体育活动。

卢元镇提及休闲体育现象时说："长期以来，我们已习惯把体育运动概念的范畴划作学校体育、运动训练与竞赛、身体锻炼，这样三个比较严肃的部分。然而，在现实生活中还存在着一种大量社会现象：人们怀着轻松愉快的心情自愿参与各种体育活动和娱乐活动，他们既不受限于体育教学的种种严格规定，也不追求高水平的运动成绩，甚至也并不把体育的强身祛病作用放在首位，而是把体育运动作为一种有意义的活动形式度过自己的余暇时间，使个人在精神和身体上都得到休息、放松和享受。我们通常把这类活动归为游戏、体育娱乐，国外把这类活动归为消遣。"

体育理论研究者则注意到体育休闲娱乐的哲理问题：文武之道，一张一弛。欲得健康长寿，单纯地静养或一味地运动都是片面的。生命之河，如果没有愉快的浪花，将是一潭死水。有利于健康的运动，并不是单调而重复的劳动，也不是强制性的超负荷运动。动，使血脉流通畅达，使骨骼肌肉强劲而坚实；静，使机体消耗得以生养恢复，使气血源源续接。过分静养或盲动，都不利于长寿。世界上没有一个懒汉能长寿，也没有哪个竞技运动员是寿星，更没听说过痛苦不堪者可以颐养天年。轻松愉快，欢乐幸福，在长寿乐园里离不开积极性休息，离不开旅游、游戏、游艺。

还有更多学者关注人们自觉自愿地参与体育活动，关注以休养体力、精力，解脱精神压力，排遣消极情绪为目的的这种社会现象。但是一直以来，对这类现象的叫法不一，主要有休闲体育、休闲运动、余暇体育、娱乐体育、快乐体育、轻体育等。

体育休闲是在闲暇时间里从事具有运动性质且能愉悦身心的活动，也就是说体育运动是休闲的一种很好的方式。由于概念模糊，有研究者给休闲体育下过这样的定义：休闲体育是人们遵循人体的生长发育规律和身体活动的规律，以身体练习为基本手段，结合日光、空气、水等自然因素和卫生措施，达到增强体质的目的。

有人认为，体育休闲并非是一种新的体育形式，而是指人们利用余暇时间为了达到休闲、健身、消遣、娱乐等多种目的所进行的各种身体活动方式。也有人认为，休闲运动是指人们在余暇时间里，积极自主地、轻松愉快地、毫无心理负担地进行的一些娱乐健身活动。休闲娱乐体育，即人们利用余暇时间去参加那些能使人们快乐的一切体育活动。休闲体育是人们为协调身心全面发展，自觉、自由地利用闲暇时间参与体育活动的行为方式或生活方式。这个定义体现了人们"生存—享受—发展"的生活模式。可见，休闲体育蕴涵着浓厚的生活气息，富有很强的生活价值。

有人对休闲、娱乐、余暇等词进行了剖析，认为"休"字既可作动词，又可作名词，主要是用作动词，它与"闲"字连用，则有既"闲"又"做"的意思，正好符合体育行为方式概念中的既有观念，又有观念指导下的行动这层含义。休闲是指人在完成社会必要劳动后，为不断满足人的多方面需求而选择的一种行为方式，它也是一种价值取向—自由地选择有其自身意义与目的的活动，人们具有较强内驱力和自觉性。所以，用"休闲体育"较为合适。他们还分析了休闲体育产生的后现代主义文化背景，指出空闲时间和物质财富并不是休闲体育的必要条件基础，认为正是由于现代体育的异化，休闲体育在反映人与自然、人与社会、人与自身等关系上才表现出鲜明的后现代特征。

对于休闲体育的特点研究，概括为如下三点：个体选择性特征—休闲体育是在工作、学习之余参加的体育锻炼，不需要按计划或技术动作要求去做，也不需要按规定时间、地点和场地进行体育锻炼。人们根据自己的性格、兴趣和能力选择体育活动项目；竞赛性不强；以有氧运动为主。

郭品归纳的休闲健身运动的特点是：有自主性；高度娱乐性；锻炼效果实效性；具有很强的社会性。周奕君则认为休闲娱乐健身体育的特点是：自由性，娱乐性，趣味性。

运动休闲具有如下功能：

1. 改善社区生活的总质量：在大城市里，人们感到孤立、孤独、烦躁，人与人之间的交流和沟通显得极为重要，运动休闲可为人们增加社会交往的机会，维持人们的心理健康。不同种族、宗教信仰、阶级背景的人，通过共同的运动休闲方式改善他们之间的关系，替代了一些人的不良生活方式。

2. 经济功能：运动休闲在西方经济发达国家产生了巨大的经济效益。在英国，运动休闲对国民生产总值的贡献率为1.7%，而在俄罗斯为1.9%。

3. 与人们的健康息息相关："文明病"通过运动休闲得以调节，在运动休闲方面的投资，可以防止疾病。

4. 减少少年犯罪：运动休闲可帮助少年释放过剩的能量，使他们远离街道，走上正轨。

5. 回归大自然：运动休闲成为现代人休闲生活的主旋律，大多数人喜欢到大自然中去运动休闲，现代都市人疯狂地迷上了极限体育运动也可见一斑。

四、方兴未艾的"慢生活"

"慢生活"运动最早是由意大利人在1986年发起的，开始只是为了抵制席卷而来的美式快餐，保护富有民族特色的当地食品。倡导者成立了一个"国际慢餐协会"，提倡人们安静地享受以6个M为内涵的"慢餐文化"：Meal（精致的美食）、Menu（华美的菜单）、Music（迷人的音乐）、Manner（优雅的礼仪）、Mood（高雅的气氛）、Meeting（愉快的会面），并在《慢餐宣言》中提出："城市的快节奏生活正以生产力的名义扭曲我们的生命和环境，我们要从慢慢吃开始，反抗快节奏的生活。"后来，这种"慢餐文化"逐渐发展成一种"慢生活"运动。如今，"慢生活"的概念正在不断延伸、扩张，并被广泛接受和认同，成为一股越来越强大的国际时尚，风靡全球。例如，"慢读书"：一目十行是对阅读高手的赞美，但很多美国"慢一族"认为，细嚼慢咽地读书可以完全沉浸在书籍的氛围中，给予细节更多的关注。"慢学校"：拥有大约1000名学生的美国加利福尼亚伯克利马丁·路德·金学校就是其中的代表。在这里，没有严格的作息时间和所谓的竞争机制，授课时间和课程的安排都按照学生的需要来设置。"慢城市"：有更多的空间和绿地供人们休闲娱乐，广告牌和霓虹灯能少则少，20千米被看成汽车的最佳时速。目前，仅在意大利就有30多个小城加入了"慢城市"的行列。

有人说21世纪是"光速世纪"，人们只有将自己的生活节奏变得越来越快，才能赶上时代的潮流。一项新的研究显示，城市居民的走路速度在过去10年里提高了10%。这一覆盖31个国家的研究结果反映了一个事实，那就是越来越多的人过上了快节奏的生活。各个研究小组用秒表对35名成年男女走过一段60英尺长（约18.3米）的人行道所用的时间进行了测量，并将实测结果与美国心理学家罗伯特·雷文教授于20世纪90年代收集的同类资料做了对比，发现人们的平均行走速度增长了10%。除了快走之外，还有快餐、快递、快车、快讯等等，仿佛整个社会都被简化为一个"快"字，而"慢"则开始受挤压退到幕后，成为"懒惰、不求上进"的代名词。然而，"快生活"却在不知不觉中埋下了诸多隐患。

第一，心理健康的危害。世界卫生组织的调查显示，全球每年约有190万人因劳累猝死，每百人中就有40人患上"时间疾病"，其主要原因正是长期生活在紧张的状态中，生活不规律且节奏太快。

第二，生理健康的危害。心理学家瓦格纳·林克指出，压力会导致人体产生大量的肾上腺素和肾上腺皮质激素，它们通过动脉传遍全身，使感官、神经系统、免疫系统、肌肉等都出现紧张反应。时间一长，就会出现失眠、健忘、噩梦频繁、焦虑、工作失误增多等现象。心灵的焦灼、精神的疲惫以及健康状况的每况愈下，使那些习惯"与时间赛跑"的人终于发现，眼前的"快"已使自己离健康的生活和生命的本质越来越远。

"快"让人忽视了生活的细节，丧失了对周围一切的好奇、体会与感动；让人失去了对生活的热爱、激情和享受；让人迟钝，惯于遗忘；还让人失去对生活的体验。正如美国著名心理学家约翰·列侬所说："当我们正在为生活疲于奔命的时候，生活已经离我们而去。"然而更令人沮丧的是，研究表明"快节奏"和高效率完全是两码事。美国杂志《科学美国心智》（Scientific American Mind）最新调查发现，90%的美国人在"多任务（multitask）"，即一心多用。不过，60%的被调查者承认这种做法效率低下。毋庸置疑，正是这个飞速发展的时代剥夺了我们享受"慢"的权利。《浮士德》中所描述的留步于生活之美，抑或"停车坐爱枫林晚"的古典闲适，与我们渐行渐远，难再重现。"慢的乐趣怎么失传了呢？"米兰·昆德拉在小说《慢》中也这样问道："啊，古时候闲荡的人到哪里去啦？民歌小调中的游手好闲的英雄，这些漫游各地磨坊，在露天过夜的流浪汉，都到哪里去啦？他们随着乡间小道、草原、林间空地和大自然一起消失了吗？"

值得庆幸的是，在以"数字"和"速度"为衡量指标的今天，仍有少数清醒者以"慢生活"的方式保有快乐的人生。这些人明白和感悟到：慢生活不是要人懒惰，而是让人更积极地生活。在机会愈少竞争愈激烈的今天，要避免"超载""超速"，就要学会"慢生活"，使自己身心得到平衡。这是一种生活态度，一种健康的心态，一种积极的奋斗，更是一种对人生的高度自信。

五、休闲体育"慢"的意蕴

（一）休闲的真义

在直观和常识上，人们总是把休闲与"空闲时间"联系在一起，因为"能够自由地支配时间"是休闲基本的特征和表现形式。但如果仅局限于此，那么这种理解就显得过于现象化和表面化了。

首先，空闲时间仅仅作为"不用于工作和不负有任何责任的时间"，绝不只是现代社会所独有的。如果单纯从量的意义上看，生活在传统农耕社会的人未必比处于工业文明社会的人拥有更少的空闲时间。而休闲正是在工业大发展的社会背景下被提及的，是社会化大生产催生的产物，如果把"休闲"等同于"空闲"，实际是抽去了休闲的真义而徒剩空壳。

其次，我们可以将人们对待空闲时间的态度进行三个层次的分类：一是仅仅把它看作是"需要打发掉的时间"，也就是一种简单的"时间消耗"；二是把它用作一些娱乐性的消遣活动，这些活动潜在地或现实地具有较强的目的性；三是把它用于"意义完全能够自足"的自由自觉的活动，这能够体现"自由而全面的发展"，使人更好地"成为人"，是休闲与生命的最高契合。显然，第三个层次是真正意义上的休闲，它固然是以"时间性"的形式表现出来的，但其本质却是"时间性"无法全部涵盖的。

有学者把有关休闲的种种定义进行归类，最后发现"休闲"大部分出现在四个基本语境之中，分别是：时间、活动、存在方式和心态。这四个基础成为研究休闲的重要维度，并且多数研究者基本达成了这样一个共识：拥有自由的时间并不一定是休闲，还必须有休闲的经历，休闲是一种理念，一种状态。

因此，休闲不等于空闲。休闲对于社会生活最重要的价值在于它是一种"积极的自由"，这表现为"自由地选择""从容不迫地做"，它是人真正成为自己生活的"主人"的过程。休闲既不是赤裸裸的欲望之城，也不是纯粹的消费场所，它应是一片理想的栖息地、一方诗意的净土、一个令人神往的精神家园。我们应在真正的休闲中领略人生的真谛，获得生命的意义。

（二）休闲体育需要"内心之爱"

要想体验真正的休闲，必须具备一种源自内心的需要与热爱，休闲体育亦是如此。

曾有人说，如果把体育从人类历史上抹去，用不了多久就又会产生一个类似的东西。这说明体育作为一种人类文化，是不可缺少也无法替代的。那么这种不可替代性体现在何处呢？显然不是能够以多种途径得以实现的感官刺激与享受，而是蕴含在体育之中，无可替代的人文精神。

我们不否认休闲体育有社交以及其他的附属功能，不反对也无力阻挡休闲体育成为交际手段和消费商品，反而认同这是体育运动进步与发展的体现，但它绝不能降至简单的、低层次的存在。否则不利于民众正确看待和理解体育，不利于体育文化的传播与普及，也无助于我们形成深层次的、稳定的、健康的休闲体育观。

因此，拥有"内心之爱"决定了休闲和休闲体育在本质上不是以单纯的感官刺激或享乐为目的，而是要努力寻求"人性得以实现的状态"。这样，一方面，我们可以划清休闲与那些低级趣味或不良嗜好的界限，另一方面，也能在休闲中为人的价值的创造性找到经久不竭的原动力。

（三）休闲体育中"慢"的乐趣

"慢"意味着注重过程，而不是直接追求最后的目标，意味着有时间思考，有心情体悟。运动是为了享受过程，而并不在意最后能否达到目的。有人去登山，即使最后只爬到半山腰，但他欣赏到了沿途的美丽风光，甚至可能会领悟到人生就是不断翻越高峰的道理，而这些都需要慢慢感受和领悟。

此外，只有慢下来，你才能体会到运动之外的美好事物，如阳光、草地、沙滩等。正如"绿色奥运"提倡的观念：体育、文化和环境应共生和相互关怀。而体验到运动中人与人之间的协作、交流、友爱，则是"人文奥运"的精髓。

这些从运动之外获得的东西,可以说更有意义,其价值甚至超过了运动本身,是人在体育运动中升华、完善的体现。

从文化内涵上看,慢形式的休闲体育更符合国人的传统习惯和文化。中国的养生观、健身术历来就指向个人修养和内心的体悟,强调通过身心兼修,体验身心合一、天人合一的境界,以求形成知行、内外、灵肉关系的和谐,提升人的精神意境,这与"慢生活"追求的心灵的闲适与恬静有着异曲同工之妙。

六、休闲体育"慢"的体现

(一)形式上的"慢"

大部分休闲体育都是负荷、强度较小的项目,比如瑜伽,它舒缓的节奏、流畅的动作不仅能消除身体上的疲劳,还能抚慰疲惫的心灵,缓解心理上的压力。慢运动方式也更令人易于接受和坚持。人们往往可能因为一时兴起去登山、踢球、长跑,但这些运动对大多数人来说难以在时间和空间上得到保证。而太极拳、散步、台球、高尔夫、钓鱼、气功等负荷较小且节奏较慢的健身运动易于长期坚持练习。坚持进行舒适舒缓的慢运动,可以使神经和内分泌得以及时的恢复,避免体能的过分消耗,还能达到放松减压的目的,这比偶尔的剧烈运动对身体更有益。

(二)上升到内心的体验

形式舒缓、负荷量适中的运动方式属于休闲体育,这个观点已被普遍接受,但一些负荷量较大的运动形式也属于休闲体育,就不免要引起一些争论了。

有学者指出:激烈的对抗、大量的流汗等导致身体疲劳,那不是休闲体育,休闲体育强调人们参与运动项目要强度适中。而有的学者则认为,仅仅根据体育项目而定义的休闲体育是不完善的。如果参与者以一种追求自身体验的心态（内在因素）去参与，那么，即使是激烈的项目，对他而言，只是一种休闲活动而已。反之，如果参与者是在外在因素的迫使下参与活动，那么，即使是最轻松的活动项目，对他而言也不是休闲活动。

我们偏向于认同后者的观点，亦即断定某项活动是否属于休闲体育的范畴，不能简单的以负荷量作为判定标准。

人们生活的各方面都有休闲的潜在资源。同样，任何体育活动都有可能是休闲项目（不管是竞技的还是非竞技的）。也就是说，当我们判断某个活动项目是否是休闲项目时，是针对参与者当时的心态来说，而不是针对项目本身，即它会因人、因时、因地而发生性质的变化。只要你是自觉自愿的，是怀着愉快的心情去参与，那么不管你是佩戴好专业装备去进行山地自行车运动，还是邀上两三好友去骑双人、三人自行车；不管你是进行马拉松比赛，还是甩着双手在河边慢跑；不管你是在标准的场地，严格按照比赛规则进行羽毛球比赛，还是拿着廉价的球拍在路边玩耍，统统都可归为休闲体育的范畴。

此外还须重点强调的是，休闲体育的"慢"与"慢生活"中的"慢"有所不同。之所以会有"慢生活"，是为了劝诫人们不要为工作、时间所累，要懂得去享受生活、品味生活。既然主体已经参与到了体育运动中，说明主体已经意识到了休闲的意义和价值并付诸了实践。换言之，"自由地运动"这个事件本身就已经体现了休闲的状态，现在要强调的是如何丰富休闲的内涵，提升休闲的格调。因此，休闲体育中"慢"的内涵与意境，不局限于运动形式上的"慢"，而是要上升到心境、精神上的从容与舒缓。譬如有的人在闲暇时打乒乓球，但如果他球艺不高，或者不喜欢打球，我们就不能说他领会了休闲的真义。这既避免了休闲体育对"慢生活"的生搬硬套，也是对"慢"的升华。

七、追寻快与慢的和谐

单纯追求感官刺激、享乐的休闲体育与慢的休闲体育最大的区别，在于前者属于被动狂欢，而后者属于主动享乐；前者屈从于盲目本能的驱使，或者外部利益与条件的强迫，时间上缺乏稳定性，基本属于随意的"突发性"事件，而后者源于"内心之爱"，有着对体育运动的喜爱与热情，时间上也具有相对稳定性，是一种"频发性"事件；前者是单纯为了"摆脱"，而后者则是一种积极自觉的"参与"。

对快和慢的比较，并不是要在两者之间划出一条泾渭分明的界限，也不是要做一番非此即彼的辨别。正如动与静的关系，两者你中有我，我中有你，辩证统一。当我们因"快"带来的压力与焦躁感到疲倦了，不妨让生活"慢"下来，并在体育中追寻快与慢的平衡与和谐。

第四章　休闲体育运动实践所需理论知识

第一节　参加休闲体育运动所需的营养学知识

一、营养素

营养素是指食物中对机体有生理功效的成分，能维持人体的正常生理功能，促进生长发育和健康的化学物质，分为七大类：脂肪、蛋白质、维生素、糖、矿物质、食物纤维和水。一般来说，脂肪和蛋白质为人体提供热能，维生素、糖、矿物质、水和食物纤维则在人体内部起着调节生理机能的作用。

二、营养的作用

随着时代的发展，人们对生活质量的要求和追求越来越高，对健康的渴望和向往也越来越强烈，同时对于食物的营养也有着越来越多的追求。合理的膳食营养和适量的体育运动是身体健康的保证，在进行休闲体育运动的同时，也不能忽视营养的作用。

（一）提高运动能力

人在剧烈运动时，体内细胞的破坏与新生也相应增加。红细胞的组成成分是蛋白质和铁,若不足可引发运动性贫血,影响运动时的氧代谢能力,降低耐久力。因此,及时适量地补充蛋白质是很必要的。剧烈运动时,体内维生素的消耗也明显增加,激素和酶的反应也很活跃,这些物质的补充都需要通过饮食。另外,在剧烈运动时,体内酸性代谢产物堆积,也需要补充相应的矿物质以消除疲劳。一般塑身类休闲体育运动的能源物质是以糖类为主,其次是脂肪。强度较高的休闲体育运动则需要更多的脂肪和蛋白质。同时,还需相应地增加维生素及某些微量元素,这样才能提高运动能力,加速运动后体力的恢复,并真正实现强身健体的目的。

(二)促进机体发育

第二次世界大战后,日本儿童身体素质的提高主要归功于营养条件的优化。1935 年,日本平均每人每年摄入肉类 2.15 千克、蛋类 2.15 千克、奶及奶制品 12.7 千克、油脂 1.1 千克,1971 年提高到肉类 13.1 千克、蛋类 14.95 千克、奶及奶制品 27 千克、油脂 9.4~9.5 千克。由于营养水平的提高,日本人的身体普遍增高。目前,日本全国高中三年级学生(17 岁)的平均身高已超过 1.7 米,比 25 年前同龄人身高增长 5.8 厘米。

我国随着经济的快速发展,城乡人民生活条件逐步得到改善,青少年的身体素质也有明显的提高。以湖南省为例,2000 年与 1995 年比,城市中 7~22 岁男生身高平均增长 1~7.2 厘米,体重平均增长 2.82 千克,城市中 7~18 岁女生身高平均增长 2.22 厘米,体重平均增长 1.41 千克。乡村男生身高平均增长 1.62 厘米,体重平均增长 1.23 千克,女生身高平均增长 1.03 厘米,体重略有下降。这些事实充分说明营养改善对青少年身体发育有明显的促进作用。

(三)促进智力发育

中枢神经系统和大脑的发育与营养的关系更为密切,营养能为神经细胞和脑细胞合成各种重要成分提供所需要的物质,促进智力发育。成年人如果营养不良也会导致记忆力的衰退，为了维持大脑的正常功能，成年人尤其是脑力劳动者应保证足够的营养。

（四）减少疾病

营养不足或缺乏可直接或间接引起某些疾病，例如机体缺铁导致贫血，缺碘易患甲状腺肿大，维生素 D 和钙缺乏则易患佝偻病等。营养不良使机体免疫力下降，抵抗力降低，传染病的发病率增加，病程延长，影响健康。营养不良还可以引起内分泌失调，并导致一些功能障碍。营养问题是人类生存中重要的问题之一，因而，要精心选择和搭配食物，以保证充足的能量和各种营养素，防止营养不良而导致的疾病。

三、营养食物

不同的食物，所含的营养素的种类、数量及比例也各不相同。因此，不同种类食物的营养价值存在着很大差别。

（一）肉类

肉类食物包括家畜家禽的肌肉、内脏及其制品，肉类食物含有各种丰富的营养素，是人类蛋白质、脂肪、矿物质与维生素的重要来源。肉类食物中碳水化合物含量极低，仅有少量以糖原形式存在于肌肉和肝脏中。肉类食物含有丰富的蛋白质，其氨基酸组成和人体蛋白质的结构接近，营养价值高。瘦肉含矿物质也较多，有磷、钾、钠、镁、氯等，红色瘦肉还含有铁。不过肉类缺少钙，乳类是钙的最好的食物来源。肉类食物中矿物质的含量在 0.6% ~ 1.0% 之间，主要有磷、钙、铁等，肉类中铁的存在形式有 40% 左右是血红素铁，由于不受膳食因素的干扰，其生物利用率高。

肉类食物虽然含有丰富的营养物质，但这类食物中含有一定量的动物脂肪，脂肪含量与肉的肥瘦度有关，肥肉脂肪多，瘦肉蛋白质多。对于肥胖者来说,还是适量食用为好。在适量范围内,尽量选择脂肪含量少的瘦肉、鸡鸭肉等。肥胖的人,特别是患有高胆固醇血症的肥胖者,每天吃鸡蛋最好不超过1个,尽量少吃动物内脏、肥肉,以减少脂肪和胆固醇的摄入量,这样有利于控制体重和血脂。

(二)鱼类

鱼类食物包括淡水鱼、海水鱼类与虾、贝类等等,是低脂肪、高蛋白的食物,其中海水鱼还含有丰富的碘。鱼类矿物质含量高于畜禽肉类,特别是小鱼、小虾。鱼类含有利于提高免疫力的锌,其中沙丁鱼还有助于提高免疫力和延缓衰老。鱼类食物中脂肪含量较少,对于肥胖者来说十分适合。

(三)蛋类

蛋的蛋清、蛋黄两部分营养素有很大的不同。蛋清约占全蛋的2/3,主要成分是蛋白质,营养价值很高,蛋黄含有较多核黄素,是核黄素的良好食物来源。

(四)奶类

奶制品是一种营养丰富、食用价值很高的食品。各种动物乳汁所含的营养成分与其幼畜的生长速度有关,对各种初生动物都是一种完全食品。动物奶类对于人类也是一种理想食物,尽管其成分与人乳不同,但增加奶类制品的摄取,对于改善我国居民膳食结构有非常重要的意义。除了人体所必需的蛋白质、脂肪和碳水化合物外,牛奶中矿物质含量0.6%~0.7%,其中以钙、磷、钾含量较高。牛奶中含量较高是维生素,但奶中维生素含量与饲养条件和季节有一定关系。如当饲以青饲料时,其维生素A和维生素C的含量较喂干饲料时有明显增加;奶中维生素D含量不高,但夏季日照多时,其含量有一定增加。

奶是钙的最佳来源。酸奶作为奶制品的主要种类之一，是一种有助于消化，还能有效地防止肠道感染、提高人体的免疫功能的食品。与普通牛奶相比，酸奶脂肪含量低，钙质含量高，还富含磷、钾以及维生素B，这些元素都对人体大有裨益。

（五）谷薯类

谷类和薯类包括稻谷、小麦、大麦、燕麦、玉米、高粱、红薯等，以及由谷类制作的各种食品。这类食物主要为机体提供糖类、蛋白质、矿物质和维生素，是身体能量供应的主要来源。一个人每天吃多少谷薯类食物，主要取决于他的能量需求、生活习惯、劳动强度以及食物的供应情况。正常情况下，从事中等劳动强度的健康成年人，每天需要摄入500克左右的谷类食物。

与精细粮食相比，粗杂粮含有更多的膳食纤维、矿物质和维生素，不仅营养物质丰富，而且相对体积大、能量少、耐饥饿，在身体内的消化吸收过程较长，吸收率也低一些，这对于需要控制体重的超重者来说是非常好的食物选择。精制大米和面粉，由于谷胚和谷皮被碾磨掉，使维生素的含量明显减少，因此人们可以适当以糙米为主食，提高蛋白质、糖类、纤维、各种矿物质的摄取量，尤其是锌。如全麦面包，除了富含蛋白质、铁、纤维、钾及其他矿物质外，还含有丰富的维生素B，能使人神采饱满，眼睛明亮。

（六）豆类

豆类食物一般可以分为大豆和杂豆两大类，大豆包括黄豆、黑豆和青豆，杂豆主要包括豌豆、蚕豆、绿豆、豇豆、赤小豆与芸豆等。大豆中蛋白质含量达35%~40%，脂肪含量也很高，脂肪中不饱和脂肪酸较多，还有少量磷脂和胆固醇，碳水化合物含量较低。其他豆类与谷类的营养成分相似，碳水化合物含量较高，蛋白质含量为20%左右，较大豆低，脂肪含量很少。

豆类是人类重要的食物之一，它所提供的蛋白质和脂肪较谷类食物高出数倍。充分开发利用豆类，对改善我国人民膳食与营养状况、补充蛋白质来源、增进健康有极重要的意义。

豆类含有大量蛋白质、维生素B及铁质，其营养价值等同于肉类，但却有肉类所缺乏的纤维。豆类富含铁，在细胞的供氧和氧气的利用过程中起着关键性作用。豆类食物中的碳水化合物有一半不被人体消化吸收，不会增加太多能量，再加上豆类产量丰富、食用方法多样、价格比动物性食物低廉，又不含胆固醇，是很好的减肥塑身食品。

（七）蔬菜水果类

新鲜蔬菜都含有大量水分，多数蔬菜的含水量在90%以上，碳水化合物的含量不高，蛋白质含量少，脂肪含量更低，因此不能作为能量和蛋白质的来源。蔬菜含有丰富的膳食纤维，它能促进肠道蠕动，利于大便排泄、减少油耗物质与肠黏膜的接触时间，还能降低血胆固醇，对预防控制动脉粥样硬化、糖尿病和肥胖都有好处。如洋葱和大蒜，它们含有钾、氟、硫、磷肌酸、维生素A和维生素C，具有消炎、去敏的功效，能降低胆固醇、高血压，减少心脏病的发病率。又如花菜和西兰花，西兰花含有健美皮肤的维生素B、维护牙齿的维生素C和矿物质（如铁、钙、钾等）。再如菠菜和香菜，菠菜和香菜中除了富含铁质外，更含有大量维生素A与维生素C，对皮肤、牙齿十分有利。香菜中还富含钙、锌、钾、维生素A和维生素C等元素，可利尿，有利于维持血糖含量并能防癌。

鲜果类的营养价值与新鲜蔬菜相似，含有大量水分、很少的蛋白质和脂肪，但水果中的糖类与蔬菜不同，主要是果糖、葡萄糖、蔗糖，在未成熟的水果内则含有淀粉。水果所含的矿物质和维生素也不如蔬菜多。水果具有芬芳的香味、鲜艳的颜色，并含有许多有机酸，这些是蔬菜所不具备的特点。蔬菜和水果都含有大量水分，相对于其他食物来说体积大、能量低，从控制能量的角度考虑，超重和肥胖的人应该多吃一些这样的食物。如木瓜和草莓，它们含有丰富的维生素C，两者的维生素C含量都远远高于橘子，有利于皮肤结实嫩滑。木瓜尤其有助于消化人体难吸收的肉类，因而能有效地预防肠道疾病。草莓不但汁水充足，味道鲜美，而且热量很低，同时还含有维生素C与钾，对头发和皮肤都很有好处。

（八）坚果类

坚果类食物都富含锌、铁、锰、硒等多种微量元素，如核桃、花生、瓜子、榛子、芝麻等。有人称坚果是微量元素的宝库，经常吃一些坚果对人体十分有益，然而，坚果里的脂肪含量却着实不菲，通常达到40%以上。这样算来1.5~2个核桃或15~20粒花生米或一大把瓜子都相当于10毫升油的能量。生活中，人们常有这样的体会，吃坚果上瘾，一吃就停不住嘴，常常在不知不觉中吃进去很多，这样就很容易导致肥胖。为了避免过量吃坚果引起肥胖，同时又能满足身体和口欲对坚果的需要，可以采用限量食用的方法。在饮食不油腻的情况下，每天摄入不超过15克的坚果仁，基本上能获得它们给健康带来的好处。

第二节 参加休闲体育运动所需的运动损伤学知识

一、运动损伤的概念与分类

（一）运动损伤的概念

运动损伤是个体在运动过程中所发生的各种损伤的统称。

在休闲体育运动过程中，从事内容不同，运动损伤的性质也不同，另外，运动损伤与运动的安排、运动环境、运动者的自身条件以及休闲体育运动中运动者的动作方法等有密切的关系。

掌握运动损伤的相关知识，切实做好预防工作，使之最大限度地减少或避免休闲体育运动中出现的运动损伤，对运动者的身心健康具有重要的意义。

（二）运动损伤的分类

根据不同的练习方法，常见的运动损伤的分类主要有以下几种。

1.运动损伤按照损伤组织的种类，可分为神经损伤、肌肉肌腱损伤、滑囊损伤、关节囊和韧带损伤、内脏损伤、脑震荡、关节脱位、骨折等。

2.运动损伤按照损伤组织创口界面，可分为开放性损伤和闭合性损伤。前者主要是指损伤组织有裂口与外界空气相通，如擦伤、刺伤、切伤和开放性骨折等；后者主要是指损伤的组织无裂口与外界空气相通，如挫伤、肌肉韧带损伤和闭合性骨折等。

3.运动损伤按照损伤病程，可分为急性损伤和慢性损伤。前者主要是指人体在一瞬间遭受直接暴力或间接暴力的损伤；后者主要是指劳损和陈旧性损伤。劳损是因局部负荷过重或多次微细损伤积累而成，陈旧性损伤常因急性损伤处理不当转变而成。

4.运动损伤按照个体运动能力丧失的程度，可分为轻伤、中等伤和重伤。伤后仍然能够按照计划进行休闲体育运动的为轻伤；伤后不能按照计划进行休闲体育运动、需要减少或停止患部活动的为中等伤；伤后完全不能运动的为重伤。

二、休闲体育运动中产生运动损伤的原因

（一）外在原因

运动损伤的外在原因有很多，最常见的主要有：运动前未进行充分的热身活动，运动量过大，运动方法有误，身体某一部位练习重复过多，技

术动作缺少准确性，场地设施不合要求，没有接受充分的运动指导，自我保护能力弱等；还有就是忽视了身体状况，忽视了运动的安全准则，缺乏适当的休息，所穿的衣服、鞋子不适合参加休闲体育运动等。

（二）内在因素

运动损伤的内在因素主要有以下几种。

1. 性别

实践证实，在休闲体育运动中，女性运动性损伤的发生率较男性高。这主要是因为女性骨骼比男性重量轻，坚固度低，抗压抗弯能力只有男性的 2/3。另外，女性体脂含量高，肌肉重量占体重的比例少，力量比同龄男性小 20%～25%。

2. 身体状况

如果运动者在身体机能状况不好的情况下继续参加休闲体育运动，就会因肌肉力量较弱、身体协调性较差、对意外事件缺乏敏锐的判断力和准确的保护反应而导致损伤。影响身体机能的常见原因有：患病或伤病初愈阶段、睡眠或休息不好、疲劳、贫血等。

3. 心理状态

对于在运动中有畏难、恐慌、害羞、犹豫不决或过分紧张等不良心理状态的人来讲，他们很容易在休闲体育运动中因心理状态不佳而造成运动损伤。

4. 运动技能

运动技能的好坏和运动损伤发生率的高低具有密切的联系。一般情况下，锻炼者由于运动技术不熟练或技术动作上存在缺点和错误，违反了人体结构的特点和各器官系统功能活动的规律时，就容易引发运动损伤。

5.思想意识

运动性损伤的发生，常与运动者思想麻痹、情绪急躁、急于求成有关。一些运动者常因年轻气盛，活泼好动，爱表现自己，却又缺乏运动性损伤的防范意识，忽视各种预防措施，而在休闲体育运动过程中不遵循循序渐进和量力而行的原则，这样大大增加了运动损伤发生的概率。

三、休闲体育运动中运动损伤的预防原则

（一）加强思想意识

从思想上重视对运动性损伤的预防，学习并掌握有关预防运动性损伤的知识和方法。

（二）做好准备活动

良好的准备活动有助于运动损伤的减少和消除，应注意的是，运动者的准备活动内容要与练习的内容相结合，准备活动的量，要根据身体特点、气象条件和休闲体育运动项目而定。准备活动一般以身体感到发热，微微出汗为宜。准备活动结束与正式运动之间的时间不要过长，一般为3分钟。

（三）注意科学运动

科学运动不仅包括在休闲体育运动过程中遵循运动的全面性、渐进性、个别性、经常性、意识性（前三个方面对预防损伤极其重要），还包括在运动过程中，运动者应根据自身的健康状况和运动技术水平，合理安排运动量，运用各种形式的运动方法，全面提高身体素质，防止机体局部疲劳而引发运动损伤。

（四）运动中突出性别特点

运动者的性别不同，个体的生理条件也会有很大的差异，因此针对不

同性别进行休闲体育运动能在一定程度上预防运动损伤。如果选择不合适，要么会导致练习不到位，要么就会给身体带来一定的损伤。

（五）选择喜爱的运动项目

运动者可以根据自己的目的进行有选择性的休闲体育运动。有肥胖、睡眠不良、体力下降、便秘等特殊情况的运动者可以选择医疗体育。

（六）创造良好的运动环境

体育器具、设备、场地等，在运动前都应进行严格的安全检查。在进行休闲体育运动时，女性的项链、耳环等锐利物品应暂时摘去。

（七）加强自我保护

掌握休闲体育运动过程中可能发生意外时的自我保护方法，防范运动技术损伤的发生。学会运动后肌肉酸痛、关节不适等常见症状的处理方法，及时发现、处理运动性损伤，都能将运动损伤对人体的伤害减少到最低。

四、休闲体育运动中常见运动损伤的处理

（一）擦伤

擦伤是指肌体表面与粗糙的物体相互摩擦而引起的皮肤表层的损害。

1. 损伤症状

表皮剥脱、有小出血点和组织液渗出。

2. 损伤处理

（1）较轻较小的擦伤：可用生理盐水或其他药水冲洗伤部，涂抹红药水或紫药水，不需包扎，1周左右就可痊愈。

（2）较大面积的擦伤：需用碘酒或酒精在伤口周围消毒，如果创面

中嵌入沙粒、炭渣、碎石等，应用生理盐水棉球轻轻刷洗，消除异物，消毒后撒上云南白药或纯三七粉，适当包扎。若不发生感染，2周左右即可痊愈。

（3）面部擦伤：宜涂抹 0.1% 新洁尔溶液。

（4）关节周围的擦伤：首先进行清洗和消毒，最好用磺胺软膏或青霉素软膏等涂敷在关节擦伤部位。

（二）扭伤

扭伤是指关节发生异常扭转，引起关节囊、关节周围韧带或关节附近的其他组织结构损伤。

1. 损伤症状

（1）关节扭伤时，关节及其周围出现疼痛、肿胀，有明显的压痛感觉，皮下有瘀血，关节活动障碍。

（2）腰扭伤时，如是肌肉轻度扭伤，则疼痛显著，脊柱不能伸直；因肌痉挛引起脊柱生理曲线改变者为较重的扭伤。如是棘上韧带与棘间韧带扭伤，则受伤当时会感到局部突然撕裂样疼痛，过度前弯腰时疼痛加重，腰伸展时疼痛较轻，棘突上或棘突之间有局限而表浅的明显压痛点。若是筋膜破裂，则多发生在骶棘肌鞘部和髂嵴上、下缘，伤处有明显的压痛点，弯腰和腰扭转时疼痛较重，腰伸展时疼痛较轻。如果是小关节交锁，受伤当时即有腰部剧烈疼痛感，呈保护性强迫体位，不敢做任何活动，亦惧怕任何搬动，尤其不能做腰后伸活动，疼痛位置较深，不易触到压痛点，叩击伤处可引起震动性剧烈疼痛。

2. 损伤处理

扭伤的一般急救处理为，先仔细检查韧带是否部分撕裂或完全断裂，肢体是否失去功能，注意以冷敷、加压包扎或固定关节为主，外敷活血止痛的药物。受伤严重时马上送医院做进一步的诊治。扭伤后要加强休息，使肌肉放松，可在扭伤部位垫个薄点的软枕头，以减轻疼痛。针对身体不同部位的扭伤，处理方法有一些差别，具体如下。

（1）关节扭伤：踝关节扭伤是运动中最常见的一种关节韧带损伤，它是因踝关节过度内翻或外翻而导致踝关节内、外侧韧带受损。急救处理时，应仔细检查韧带是否部分撕裂或完全断裂，关节是否失去功能，注意以冷敷、加压包扎或固定关节为主，并外敷活血止痛的药物。

（2）韧带损伤：可用胶带支持固定，并以弹力绷带包扎。如果怀疑是韧带断裂，最好用海绵垫或较大的棉花垫做压迫包扎，包扎时应与受伤时位置相反，如踝内翻损伤者，则在外翻位置包扎固定。

（3）腰扭伤：腰部扭伤是腰部软组织的损伤。有明确的外伤史，伤后立即或一、二日后发生腰痛，为急性腰部扭伤，亦称"闪腰"。腰部扭伤后，要停止活动立即休息。如果不休息、不及时治疗，容易反复发作留下病根，造成慢性腰腿疼。扭伤后，用热敷疗法较好。具体方法是：把大盐、麸子或沙子炒热，用布包起来，敷在疼痛最厉害的地方，每天2次。另外，可对扭伤部位进行针灸、拔火罐、推拿、按摩、理疗、注射强的松龙等。

（三）腰肌劳损

腰肌劳损又称腰部肌肉筋膜炎，其病理改变包括神经、筋膜、肌肉、血管、脂肪及肌腱的附着区等不同组织的变化。通常多系急性扭伤腰部后治疗不彻底即参加运动逐渐劳损所致或运动中出汗受凉所致。

1. 损伤症状

局部酸疼发沉等自发性疼痛，腰椎3、4、5两侧骶棘肌鞘部疼痛，或同时感觉有疼麻放射到臀部或大腿外侧，或表现为运动前后疼痛，或在进行脊柱活动时尤其是前屈时，在某一角度内出现腰痛。

2. 损伤处理

避免过劳、矫正不良体位，可采用理疗、按摩、针灸、封闭、口服药物、用保护带（围腰）及加强背肌练习等非手术治疗手段，顽固病例可手术治疗。治疗上以非手术治疗为主，如各种非手术疗法无效，可施行手术治疗。

（四）髌骨劳损

髌骨具有保护股骨关节面、维护关节外形和传递股四头肌力量的作用，是维护膝关节正常功能的主要结构。髌骨劳损一般是由膝关节长期负担过重或反复损伤积累导致。

1. 损伤症状

膝关节酸软疼痛，髌骨压迫痛，单足半蹲的时候有痛感。少数患者长期疼痛不敢用力而肌肉萎缩，或有少许关节积液。

2. 损伤处理

（1）采用按摩，中药外敷，针灸等方法。

（2）加强膝关节肌群力量练习，比如采用高位静力半蹲,每次保持3～5分钟即可，每日进行1～2次。

（五）出血

在休闲体育运动中，如果运动不当会引起机体内出血或外出血。

1. 损伤症状

（1）内出血：无明显症状或皮下有淤青，胸腔或肝脏破裂多有严重的休克。

（2）外出血：主要为血管内的血外渗或外流。

2. 损伤处理

（1）止血

①指压止血：根据损伤部位，选用腋动脉或肱动脉压迫点。腋动脉压迫点为外展上臂90°，在腋窝中用拇指将腋动脉压向肱骨；肱动脉压迫点为用食、中、无名三指的指腹把肱动脉压向肱骨。出血部位不同，压迫点也不同。掌指出血，分别按压桡动脉及尺动脉；下肢出血、大腿或小腿大出血，用两手拇指重叠起来，在腹股沟中点稍下方，将股动脉用力压在耻骨上支；足部出血，在足背及内踝后方压迫胫动脉和胫后动脉。

②止血带止血：用皮管、皮带及气止血带缚在出血部的近端，压力不应小于200毫米汞柱动脉压力。缚上止血带以后，局部会出现疼痛，时间长了还可能使肢体缺血坏死，造成残废，甚至危及生命。所以，使用止血带时要严格按照正确的方法进行操作。缚上止血带时应多垫棉花或衣服，上肢每0.5小时、下肢每1小时分别放松一次，以免肢体麻痹或坏死。

③充填：针对躯干的大伤口或不能上止血带的部位，用消毒纱布充填伤口压迫止血。

（2）包扎

用绷带或三角巾包扎出血部位或肢体。其中，三角巾的包扎一般用在对伤肢的固定以及悬吊上，如上臂的骨折、脱位、手及头部的包扎等。下面重点介绍绷带包扎出血部位或肢体。

①环形包扎法：针对手腕、小腿下部、额等部位的出血，将绷带斜置于被包扎部位，一手大拇指压住绷带斜端，另一手绷带绕伤处一周，再将带头斜角折回，依次反复进行，结束时采用别针或将绷带剪成两条将末端进行固定。

②扇形包扎法：针对关节部位的出血，可从关节上向关节下缠绕，即实施向心性扇形包扎，或从关节向关节的上下缠绕，实施离心性扇形包扎。

③螺旋形包扎法：针对上臂、大腿下端、手指等部位的出血，将绷带先从粗端环形包扎，然后将绷带斜缠，后一圈盖前一圈的 1/2 或 1/3，结束固定同环形包扎。

④"8"字形包扎法：针对肘、膝、腕、踝、肩等部位的出血，将绷带先从关节下方环形包扎，然后将绷带斜形由下向上，再由上向下绕过关节成"8"字形，反复缠绕，结束应在关节下方，如同环形包扎。

⑤反折式包扎法：针对前臂、大腿、小腿等部位的出血，先用绷带进行环形包扎，然后按螺旋形进行，但每一圈需将绷带上缘向下折成人字形，再向后绕绷带并拉紧，每反折一次应压前一圈的 1/2 或 1/3，注意反折线不应在伤口处。

（3）急救

用查血色素、红细胞及血球容积的方法诊断，严重休克者，应及时输血或手术治疗。

第三节　参加休闲体育运动所需的医疗卫生知识

一、休闲体育运动的医务监督

（一）用医学的手段监控休闲体育运动

如何控制运动负荷不超出运动者的生理极限，使休闲体育运动既达到目的又不会引起机体过度疲劳，这是休闲体育运动医务监督研究的主要课题。

（二）进行体格检查

训练医务监督的另一内容是通过体格检查和机能测试，对运动者的身体机能状况进行综合评定。这种检查可在不同的阶段和不同的状态（如安静状态、训练过程、恢复过程）下进行。除阶段性的定期检查外，还可进行动态观察和比较。

（三）运动性伤病的预防和治疗

为了使运动者正常参加休闲体育运动，要及时发现和正确处理运动者的运动性伤病。掌握运动者患各种疾病和运动损伤后开始恢复运动的适宜时机、运动的内容和运动量等等。

（四）消除运动性疲劳

休闲体育运动引起的精神疲劳和身体机能的下降，是人体为维护正常的功能做出自我保护的一种生理现象。所以，对运动者的精神疲劳要给予充分的重视和采取有效措施，以免引发机能调节的紊乱和过度疲劳。

二、休闲体育运动场地卫生

（一）休闲体育运动建筑设备的一般要求

1. 基地的选择及坐落方向

体育建筑的选址应避开空气、土质污染和噪音较严重的地区，应选择地势稍高，且土质颗粒较大、通透性好的地方。

室内体育建筑要充分利用日照，一般应坐北朝南，或偏向东南、西南，使建筑物的长轴尽量与赤道平行。室外运动场的方位最好是正南正北方向，即运动场的长轴与子午线平行，避免阳光直射眩目。

2. 采光与照明

良好的采光与照明，除了有利于体育活动的进行外，还具有保护体育运动者的视力、杀菌、预防疾病和调节室温等积极作用。采光照明可分为自然采光和人工照明两类。

自然采光是指利用日光作为光源的采光。体育馆拥有自然采光可以很好地节约能源。自然采光一般以采光系数作为评定指标，采光系数即建筑物门窗面积与室内地面面积之比，系数越大，光线越好。对运动建筑物来说，系数的标准应为1∶3～1∶5。

人工照明一般以照度作为评定指标。照度是指物体被照明的程度，用照度计测量，光照度的计量单位是勒克斯。体育场馆应注意照度充足，室内光照度不能低于50勒克斯。夜间使用的场地，照明要充足、光线柔和而均匀，又不眩目，照度应为50～100勒克斯，有利于提高运动成绩和避免发生运动创伤。

3. 通风

室内通风要好，以保持空气新鲜。通风的目的是更新室内空气，室内运动建筑应有良好的通风设施，通风可分为自然通风和人工通风两种，自然通风是指通过门窗和气流作用，与外界进行气体交换；人工通风是指使用机械手段促进气体交换。

4. 采暖与降温

室内运动建筑应保持适宜的温度，一般应控制在21℃左右。采暖最常用的方法是蒸汽和热水管道采暖。室内降温的方法有自然通风、人工通风、冰块降温和空气调节等多种方式。

5. 体育器械及其放置

使用年限过长的器械应予更新，体操器械放置应保持一定距离，否则练习时可能发生冲撞而受伤。

6. 辅助建筑

运动场地应有必要辅助建筑，如更衣室、休息室、浴室等，饮水供给要符合卫生标准，还应设立医务室。

（二）休闲体育运动建筑设备的卫生

为顺利进行休闲体育运动，促进身体健康，防止运动创伤，提高运动技术水平，现代化国际标准的体育设施和一般的运动场馆都应达到一定的卫生要求。

1. 体育馆

体育馆的大小应根据用途和卫生要求来设计。体育馆的地面应平坦、坚固、防滑和不眩目，以木质地板为好。体育馆的墙壁应无明显的棱角和突出部分，空调、采暖设备应尽可能地安装在墙内。

2. 田径场

田径场的跑道、直道一般取南北方向，这样，训练和比赛时光线由侧面射来，不致影响视线而妨碍运动。

田径场的跑道应坚固，不怕雨水冲淋，并具有一定的弹性。跑道还应具备渗透能力，便于雨水向底层渗透。跑道的表面应平坦，无凹坑、碎石、浮土和其他杂物，不能太滑，以防运动者滑倒摔伤。

跳跃场地的方位安排应合理，在助跑跳跃时，应能避免阳光耀眼。助跑场地应平坦、结实和富有弹性，起跳板与跑道应处于同一平面上。沙坑内沙子应松软，没有砖头、石块等硬物，在干燥的季节里不会起尘土。

投掷区应有明确的划分。铅球和铁饼的练习区应设置保护网，投掷场地的助跑区应平坦、坚实而富有弹性。

田径器械应合乎规格，长度、高度和重量要符合不同年龄对象的需要。练习前应检查器械的安全性能，如跳高架是否结实、标枪杆有无裂纹等。

3. 球场

足球场地应平坦，最好铺有草皮，草地上不应有石子、砖块、碎玻璃、铁钉等硬物。在场地周围2.5米内不宜放置任何东西。在炎热干燥的季节里，练习或比赛前30～40分钟应在场地上洒水。

篮球、排球场，地面应平坦、结实、无碎石和浮土，地面不宜过硬、过滑，以减少震动和防止跌倒时摔伤。

运动场上，人数不宜过多，要加强管理，避免投掷物伤人和互相冲撞。

4. 体操房

体操房的使用面积平均每人至少4平方米，地面应为平坦木地板，室内光线应均匀，应有良好的通风设备，建立可行的清扫制度，体操垫子和其他器械须保持清洁，室内禁止放置与运动无关的物品。

5. 游泳馆（场）

人工游泳池建筑设计应符合卫生要求，跳水池水深应为跳台高度的一半，跳台高度10米，水深应为5米，跳台高5米时，水深应为3.8米，一般水深不能小于3.5米。

池水清洁，细菌总数每1毫升水中不应超过1000个，大肠菌群数每升水中不得超过18个。池水含氯量每升水中为0.2～0.5毫克。水温22～25℃，室温24～25℃。池水应经常更换，如池水含氯量过高，会刺激上呼吸道和眼结膜，长期游泳还会使头发变黄，因此要定期进行水质检查，同时运动者采取个人防护措施，要强调训练时戴游泳帽和防水眼镜的重要性。利用天然水源开辟的游泳场，水质必须清洁，确保无工业废水和污物污染、无传染疾病的危险。要注意岸边和水底情况，岸边禁止倾倒与排泄污物，黏土河岸易滑倒，河底有石块、淤泥时下肢易受伤。

6. 轮滑场

轮滑场的地面应平坦、光洁且无裂纹，场地表面应保持清洁，无碎石、纸屑和尘土，每次训练前均应进行安全检查，以防意外事故的发生。

7. 冰场

冰场的表面应平坦、光洁、无裂纹，如果利用天然冰修建冰场，为确保安全，冰的厚度不得小于25厘米，人工冰场冰的厚度不得少于15厘米。

（三）运动场的训练卫生

1. 服装

运动者平时的衣服、鞋子要符合季节要求，且要保持清洁。运动服装应符合运动项目的要求，能防止运动创伤，有利于提高运动成绩，如冰球、橄榄球运动者要带护具、头盔，要穿特制服装等；参加自行车运动时应穿短袖上衣，较长的短裤，带护掌和头盔；越野跑及马拉松比赛时最好穿旧鞋及旧运动衣，防止发生足部水泡和皮肤擦伤。如果是炎热夏季，运动衣应质轻、宽松和色淡；如果是在冬季，进行室外滑冰、滑雪时，服装要保暖，但不宜过厚，以防妨碍动作的完成。运动后，潮湿的衣服应立即换掉，以免受凉感冒。

2. 锻炼

事实上，人体经常受外界因素的影响，如日光、空气和水，机体和外界环境经常保持平衡，在气温降低时，身体增加产热减少散热来维持体温的恒定。所谓锻炼，就是利用日光、空气和水刺激机体的调节能力，使机体能迅速适应外界气象条件，从而增强人体对感冒等疾病的抵抗力。举一个很简单的例子，把冰块放在肢体上时皮肤会变白，此时是因为血管受冷刺激后发生收缩，当取下冰块，血管扩张，皮肤转红。这一过程的快慢与测试者的运动程度有关，一般有锻炼者皮肤很快变红，无锻炼者则慢慢变红，也就是血管扩张迟缓，原因是经过锻炼可使血管调节能力加强。也正因此，有锻炼者较少患感冒、咽炎、肺炎等疾病。

(1) 空气锻炼

锻炼因素有温度、流动、湿度和电离作用。空气锻炼在休息、运动和劳动时都可进行，穿背心和短裤，使身体尽量暴露，空气中的阴电荷可刺激中枢神经系统，加强新陈代谢和提高机体抵抗力。

(2) 日光锻炼

日光锻炼主要是利用其温暖和生物化学作用。光能被身体吸收转变为热能，引起体温改变，增强代谢作用。日光中的红外线和紫外线是不可见光线，红外线主要是温暖光线，紫外线有杀菌作用，能防止佝偻病的发生。紫外线照射后，皮肤有色素沉着，可保护皮肤免受更多的紫外线作用。日光对人体影响较大，进行锻炼时，应遮盖头部，避免长时间暴晒，因为过量日光照射会损害皮肤，造成日晒病，还有产生皮肤癌变的可能。

(3) 水锻炼

水锻炼主要是利用水的温度、机械作用和化学作用进行锻炼。冷水易引起兴奋，使心跳加快、呼吸加深和代谢作用加强。进行冷水浴时，首先出现皮肤毛细血管收缩，皮肤变白，汗毛竖起，感觉冷；其次，毛细血管反射性扩张，皮肤变红，有温暖的感觉。需要注意的是，冷水刺激时间过长，皮肤毛细血管再次收缩，皮肤又变白，起鸡皮疙瘩，口唇发紫，即第二次寒冷感觉。冷水锻炼以不产生第二次寒冷感觉为适宜。锻炼后用毛巾擦身，并活动身体。温水刺激抑制过程，可使血管扩张、血压降低、嗜睡。水的压力和流动对身体起按摩作用。

水中的化学物质（如氯化钠、碳酸镁、碘等）对皮肤有刺激作用，海水浴后要用淡水淋浴。水锻炼方式有擦身、冲洗、淋浴等，注意出汗时不宜进行冷水浴。

无论是进行何种锻炼，都要坚持循序渐进和持之以恒的原则，逐渐增加刺激强度和持续时间。锻炼一般从温暖季节开始，如冷水锻炼，宜从夏季开始，逐渐降低水温及加长锻炼时间；且要一年四季坚持不懈，如长期停止锻炼，锻炼效果即消失。再者，为提高对不同刺激的适应能力，需进行多样化锻炼。虽然寒冷刺激能增强耐寒能力，但不能提高对高温的适应能力，反之亦然。

三、运动者的个人卫生

（一）饮食卫生

运动者应养成良好的饮食卫生习惯，如饭前便后洗手，不喝生水，生吃瓜果要用流动的自来水洗净并削皮或用开水洗烫或用消毒液浸泡，不吃腐败变质的食物，防止暴饮暴食。此外，也要注意合理膳食。

（二）皮肤卫生

皮肤里有汗腺和皮脂腺，汗腺排出部分代谢产物，并调节体温；皮脂腺分泌皮脂，保持皮肤润滑。运动者应经常保持皮肤清洁，因为当汗腺孔及皮脂腺孔堵塞时，细菌会繁殖起来，发生毛囊炎或疖病。且洗澡时应避免用过热的水和长时间淋泡，因为会使皮肤过分脱脂而干燥，同时还会使人嗜睡或全身无力。游泳后要淋浴。脚趾间皮肤易脏，易发生糜烂，会感染足癣，要注意清洗。患足癣者应积极治疗，指甲经常剪短。

（三）睡眠卫生

睡眠是消除运动疲劳的重要措施之一，可使人的体力得到提升。睡眠前应保持安静，避免刺激，一般睡前1小时应停止运动，以免兴奋而影响睡眠。若有失眠，次日可稍减运动量。运动者应保证有8~9小时睡眠，经常睡眠不足会引起过度疲劳。另外，为保证睡眠质量，卧室应保持整洁、温度适宜、空气新鲜、卧具清洁保暖。且晚饭不应过饱，睡前不宜用脑过多。

（四）日常生活卫生

为了增进健康，达到休闲体育运动的目的，运动者应建立和保持相对稳定的生活制度，按时起床、早操、进餐、训练、休息、工作、学习和睡眠。外出比赛如有时差影响，应尽快调整，适应新环境。

第四节　特殊环境和不同季节休闲运动与营养的科学规划

一、特殊环境下休闲运动与营养的科学规划

（一）高海拔休闲运动与营养

1. 高海拔休闲运动原则

在高原进行休闲运动活动要依据以下原则。

（1）要能轻松愉快地完成所选择的体育运动，即选择的体育运动方式要控制在自己觉得轻松愉快的强度内。

（2）要注意每天的运动量与身体状况相适应。身体不舒适时（如感冒、头痛时），就应减少运动量或停止运动。

（3）不要过分相信自己的体力和运动能力，即量力而行。可以选择一些运动量较小、不太剧烈的锻炼项目。如：散步、慢跑、太极拳、有氧休闲运动操、气功、乒乓球、羽毛球、柔力球、壁球等。

一些国家和地区已开始利用高山气候与身体锻炼相结合来提高人的心肺功能和健康水平。将体育运动和休闲运动锻炼结合在一起，通过体育运动可以增强体质、促进健康，但在运动锻炼时，要注意适度且要持之以恒，因时、因地、因人制宜，方能达到休闲运动效果。

2. 高海拔地区的休闲运动营养

随着海拔高度的增加，大气氧分压下降，这就意味着结合于血红蛋白上的氧气量的减少，以及心脏运输氧至工作肌群的能力下降。运动实践表明，当最大有氧耐力也随着海拔高度的增加而降低时，就意味着在长距离竞技运动比赛中，在高海拔地区的速度成绩不如平原地区。然而，受影响的不仅是最大有氧耐力，因为在高原上血中氧含量降低，欲供给同样的氧气量，心脏就得加快跳动。所以，在高原地区任何耗氧水平的情况下，心率均比平原地区要高。这就意味着在高原地区运动锻炼时，健康者必须减慢速度才能维持靶心率。因而，休闲运动指导者应再次强调让参与者注意靶心率的重要性，靶心率为在各种各样的环境下调整运动锻炼强度提供了科学的参考。

高原缺氧环境会对能量代谢和物质代谢产生影响。合理的营养能够提高运动员对缺氧的耐受能力，加速习服过程，有助于适应组织代谢的变化，避免高原病的出现，最大限度地减少体重的丢失，有利于运动锻炼，增强体能和提高运动成绩。

（1）能量

进入高原地区，由于机体组织器官的一系列代偿和适应反应导致机体基础代谢率增强，运动员的能量消耗增加。高原地区气温较低，风速较大，致使机体产热增加。由于缺氧的影响，会使人食欲下降，进食量减少，再加上消化功能减弱，产能营养素摄入不足，可引起体重下降。初到海拔4300米高原8天后，体重可下降3%；在海拔5000～8000米停留3个月，体重可下降15%。体重下降，最初是由于体液的丢失，随后为脂肪组织和肌肉组织的减少。但如果为防止体重丢失，初入高原就增加能量摄入，很可能诱发或加剧消化道的不良反应，加剧体重丢失，故这种做法不宜采用。在习服适应阶段，应适当减少有氧训练运动量，以减少能量的消耗和需求。

习服以后，机体对能量的需要逐渐增加，可以增加食物摄入以满足能量需要。

人在高原地区，基础代谢率升高，在相同的运动情况下，能量的消耗或能量的需要高于平原地区。运动员的能量消耗受运动量的影响较大。虽然缺氧初期能量消耗增加，但在习服前，由于胃肠道反应和食欲减退，增加能量摄入量较困难，致使能量供应不足。习服前，应减少运动量，降低能量消耗；习服后，逐渐增加能量摄入，同时逐渐增加运动量。体重和体脂的变化是判断能量摄入适宜与否的简易指标。一般情况下，在高原适应5天后，进行与平原地区同等量的运动训练，能量需要量增高3%～5%；适应9天后，将增加17%～35%。一般来说，从平原地区进入高原地区，能量的摄入量应增加7%～25%。

（2）蛋白质

进入高原地区初期，体内蛋白质和氨基酸的分解增强，合成减弱，氮排出增加，加上食欲下降和食物吸收利用率下降，造成摄入和吸收的蛋白质减少，因而会出现不同程度的负氮平衡，血中必需氨基酸或非必需氨基酸下降。

在缺氧习服过程中并不需要增加食物蛋白质的供给量，重要的是选用优质蛋白质，注意维持氨基酸平衡。在习服期间，运动员蛋白质的摄入量应占总能量的13%～15%，同时增加优质蛋白质的摄入。

（3）脂肪

高原缺氧加速脂肪动员，脂肪合成速度低于脂肪分解速度，造成体脂减少，血脂（包括血浆游离脂肪酸和甘油三酯等）浓度增高。严重缺氧可使脂肪氧化不全，酮体生成增多，尿中出现酮体。酮体堆积可使机体耐缺氧能力减低。

初进高原地区，膳食脂肪应适当减少，并且增加碳水化合物的摄入，减少饱和脂肪酸的摄入。

（4）水

高原缺氧使呼吸次数增多，肺通气量增大。由于空气干燥、气压低，使呼吸性失水增多，再加上尿量增加，运动员在运动训练时机体容易出现失水，引起血循环和散热障碍，因此应注意补水。训练前、中、后均可补水，但要遵循少量多次的原则，要保持尿量在 1～1.5L/d。如果要排出体内的代谢废物，每日至少饮水 3～4L；如果要保持体内水平衡，每日应饮水 5L 左右。

（二）高温环境下的休闲运动与营养

目前认为，高温环境下能量需要量增加。高温环境一方面会引起机体代谢率增加及 ATP 酶活性升高，另一方面在高温应激和适应过程中，大量出汗、心率加快等调节方式可引起机体能量消耗增加。在高温环境下运动锻炼，能量代谢既受高温环境影响又受运动锻炼的影响。高温环境中能量消耗增加，在 30～40℃ 的环境中，温度每升高 1℃，能量消耗增加 0.5%。在高温环境下进行运动锻炼，体内产生的热量不易散发出体外，可使体温升高。研究表明，体温升高将导致机体能量代谢增强。一般在高温条件下进行运动锻炼，机体对能量的需要量可增加 10%～40%。

运动锻炼负荷也影响能量消耗，运动负荷越大，消耗的能量越多，能量需要就越高。运动员对高温环境产生热适应后，运动负荷将会增大，能量消耗也会增大。如果能量摄入不能满足需要，易引起疲劳，影响运动锻炼。因此，在高温环境下运动锻炼，应增加能量的摄入。但考虑到高温环境下食欲和消化功能有所减弱，增加进食量以提高能量摄入有一定困难，故认为以增加 10% 能量为宜。待适应后可逐步增加能量的摄入，以满足高温环境下运动锻炼的能量需要。

二、不同季节休闲运动与营养的科学规划

（一）春季休闲运动与营养

1. 春季休闲运动规划指导

哪些休闲体育活动更适宜在春季进行呢？

（1）深呼吸：胸腹式联合的深呼吸类似瑜伽运动中的呼吸操，深吸气时，先使腹部膨胀，然后使胸部膨胀，达到极限后屏气几秒钟，然后再逐渐呼出气体。呼气时，先收缩胸部，再收缩腹部，尽量排出肺内气体。反复进行吸气、呼气，每次课前做3~10分钟，可促使肺部清洁、增强免疫力、保护呼吸道不受损伤，增强人们对春季多发性呼吸道传染病的抵抗力。

（2）放风筝：放风筝是春天最适合进行的运动。放风筝时，可以使手、腕、肘、臂、腰、腿等多个部位都能动起来。户外的活动还可以沐浴阳光，呼吸新鲜空气，能促进体内新陈代谢，改善血液循环状态。

（3）春游：春游踏青是古来就有的风俗，不仅锻炼身体，还可以怡情悦性。

（4）快走慢跑：快走慢跑有助于细胞和组织得到额外的氧，促使大脑清醒，克服"春困"，令人精神抖擞。

2. 春季膳食营养策略

春天养阳，重在补肝。五行学中，肝属木，与春相应，主升发，喜畅达疏泄而恶抑郁。所以，养肝首要的一条是调理情态，不良的情绪易导致肝气郁泄不畅。春日阳气升发，风和日丽，应早起早睡，坚持户外锻炼。

此外，还要注意饮食养生。据《千金方》载，春季饮食宜"省酸增甘，

以养脾气"。春天是肝旺之时，多食酸性食物会使火偏亢，损伤脾胃，应多吃一些性味甘平，富含蛋白质、糖类的食品以及豆制品、新鲜果蔬等，有利于发寒散邪，扶助阳气。

现代医学研究表明，保肝的有效途径之一就是适当补硒，硒是人体谷胱甘肽过氧化物酶的活性成分，对细胞膜有一定的保护作用，对一些化学致癌物质也有一定的抵抗作用。富含硒元素的食物有小麦、玉米、南瓜、红薯、大白菜、紫菜、海鱼等，多食用此类食物有助于护肝养肝。

一般春季易"春困"，其中一个重要原因就是缺乏 B 族维生素。所以，应注意补充富含维生素 B1、B2 和叶酸的食物，如动物肝脏、胡萝卜、玉米、小米、菜花、小白菜、柿子、辣椒等，有助于健脾阳，帮助消除"春困"现象。

（二）夏季休闲运动与营养

1. 夏季休闲运动规划指导

盛夏酷暑，稍一活动就会大汗淋漓，许多人不愿意多动，害怕出汗。殊不知，出汗本身就是为了维持体内平衡，因为经汗腺排泄能带走大量的热量和毒素，从而促进机体的新陈代谢。适当的体育运动可使人体内懒散的、停歇的汗腺开始"工作"，人体主动运动时排汗量的激增，使得汗腺分泌加快、通畅。但当气温高于28℃时，应适当减少运动量，否则夏季的高气温、少睡眠，很容易造成体力透支。此时人们应参加一些乐于参与的体育活动，如游泳就是一个很好的选择。适当地进行游泳锻炼，不仅能给人带来心理上的愉悦，塑造流畅和优美的体形，还能够增强心血管系统的机能，增强体质，提高协调性。许多运动项目都容易给机体造成劳损或损伤，但游泳是劳损和损伤率最低的体育活动。

为了达到身心康泰、平安度夏的目的，调节体内产热与散热的功能，需要注意以下几点。

（1）避免在烈日下进行运动。中午前后，烈日当空，气温最高，忌在此时锻炼，谨防中暑。夏季阳光中紫外线特别强，人体皮肤长时间照射易发生灼伤。

（2）不宜长时间运动。夏季锻炼应保持在平日运动量的 1/3 ~ 1/2。

（3）运动后不宜大量吃冷饮。

（4）不宜空腹运动，因为空腹运动容易中暑。

（5）夏季出汗较多，应及时补水，不要等口渴剧烈时才喝水。

（6）忌运动后立即洗冷水澡。

2. 夏季膳食营养策略

夏季养生，健脾为要。夏季饮食以清淡、苦寒、富有营养、易消化的食物为佳；避免食用油腻难以消化的食物，勿过饱过饥；重视健脾养胃，促进消化吸收功能。

（三）秋季休闲运动与营养

1. 秋季休闲运动规划指导

经历了整个夏季的酷热与湿闷，秋季的气温适宜总是让人舒心，锻炼身体的黄金季节也悄然而至。但是，由于秋季气候干燥、冷暖多变，人体一时难以适应，极易发生疾病。因此，要针对季节特点进行锻炼，运动量不宜太大，不宜剧烈运动。

人们可根据场地、时间以及自己的兴趣爱好等选择运动项目。

（1）登山能使人吸收空气中更多的负氧离子，对人的神经系统具有良好的营养和调节安抚作用。登山比较适合人体在体力允许的情况下进行，但一定要注意不能选择过高、过长的登山线路，以免过于劳累引发身体不适。

（2）自行车运动是克服心脏机能毛病的最佳工具之一。骑单车不只能借腿部的运动压缩血液流动，以及把血液从血管末梢抽回心脏，同时还强化了微血管组织。

此外，还有一些传统的体育运动项目，如踢毽、跳绳、跳皮筋等。

在锻炼时应注意做好准备工作，预防运动损伤。秋移冬至，气温逐渐下降，体温调节中枢和内脏器官的机能都不同程度地降低，人的肌肉韧带在气温下降的环境中容易反射性地出现血管收缩、肌肉伸展度降低、关节僵硬等现象，因此运动前要做好充分的准备工作，否则易造成肌肉、韧带和关节的运动损伤。衣服不能穿得太少，大汗淋漓时不可减得太多。运动后要及时擦汗，要掌握好运动量。立秋后运动量可以逐渐增加，但不要性急，更不要盲目超量，以免引起过度疲劳。

2. 秋季膳食营养策略

秋日滋补，养肺为先。秋天是一年四季中万物"养收"的季节，由热转寒，阴长阳消。养生的原则应以"甘平为主"，其中饮食保健应以益肺、润燥、健脾、补肝为主要内容，尤以养肺为先。

秋季养肺宜平补，肺喜润而恶燥，燥邪伤肺。秋日一般气候干燥，空气湿度低，人们常常感到口干舌燥，此时除多喝水外，应适当多吃些豆芽、菠菜、胡萝卜、菜花、芹菜等具有甘平清肝功能的食物，以及蜂蜜、核桃、乳品、百合、银耳、白萝卜、藕等养阴润肺的食物，还要吃些秋梨、山楂、柚子、葡萄、香蕉、甘蔗等防秋燥的水果。同时，也要控制自己的情绪，避免伤感，防忧伤肺。平时脾肺虚弱之人宜进食人参、黄芪、山药、大枣、黄精、莲子、甘草等，药食以补脾益肺。

口干舌燥，咽喉疼痛者，可用雪梨、川贝母、百合煎水服用，能清肺润喉、生津利咽；肺虚燥热、气短咳嗽者，可食用蜂蜜蒸百合、月季雪梨银耳羹，可润燥补肺、滋阴止咳，适应于燥热咳嗽、肺虚咳嗽、气短咳嗽等症状；皮肤干涩、几角皲裂者，可用沙参、冬麦、地生黄、藕粉加冰糖煮羹服用，具有养阴生津、益胃清热之功效，可治皮肤皲裂脱屑，另可多吃菠菜，因为菠菜含有丰富的核黄素，有防止口角溃疡、唇炎、舌炎、皮炎的作用；

肺气壅闭、大便秘结者，可多食用红薯、白木耳、黑木耳、芝麻、蜂蜜、冰糖、梨、香蕉等食物，有滋阴润燥、通便宜肺的作用。此外，晨起饮淡盐水，晚饮蜂蜜水，既能补充水分，又是防便秘的好方法，还可养生抗衰老。

秋季饮食宜"少辛增酸"，主食"多粥少干"。根据中医养生原则，补脾益肺宜食粥。常食粥可"利膈养胃，生津液"，一般可食用"黄精粥""甘蔗粥""玉竹粥""沙参粥""生地粥"等。为防秋燥，维持体内的水代谢平衡，应多吃新鲜蔬菜、水果，以补充体内维生素和矿物质，中和体内多余的酸性代谢物，起到清火解毒的作用；多吃豆类等植物性蛋白食物，少吃油腻厚味，尽可能少食用葱、姜、蒜、韭菜和辣椒等辛味之物，以防加重便秘和秋燥，引起肺气太盛，不利于养肺；同时增加一些酸味的水果、蔬菜，包括苹果、山楂、柠檬、柚子、石榴、葡萄、橄榄等。常食这些酸味的食物可增强肺功能，达到减少肺气而保肝的效果。

（四）冬季休闲运动与营养

1. 冬季休闲运动规划指导

俗话说得好："冬天动一动，少受一场冻；冬天懒一懒，多喝药一碗。"人们冬季在室外进行锻炼，身体经常受到寒冷的刺激，可以增强人体对感冒、气管炎等冬季常见疾病的抵抗力；冬季在室外接受阳光的照射，阳光中的紫外线可促进人体的造血机能，对治疗和预防贫血有积极作用。冬季常到室外锻炼，体温调节能力就会加强，御寒能力也随之提高。

适宜冬季锻炼的体育项目有哪些呢？

（1）长跑，也称耐久跑，它不仅能增强心肺功能，提高人体的耐力素质，而且不受场地器材的限制，具有广泛的群众基础。

（2）跳绳、踢毽子，这类运动能够活动全身关节，人们可以利用业余时间进行锻炼。

此外，还有足球、篮球、爬山、拔河、武术等项目，花样繁多，妙趣横生。

当大风降温、大雾、降雪不宜室外活动时，室内的适当活动也是冬季锻炼的好办法。在室内锻炼时，要先将室内通风换气，应选用动静结合的方法进行。可以在室内做一些自编体操，活动腰腿。

2. 冬季膳食营养策略

冬季食养，益肾滋阴。冬季是进补强身的大好季节，民谚说得好："冬季进补，开春打虎；冬季不补，春季受苦。"在饮食方面应讲究科学调配。冬季的饮食原则为：一是要有丰富、足够的营养，热量要充足；二是食物应该是温热性的，有助于保护人体的阳气；三是饮食调养应遵循"秋冬养阴"，即"养肾防寒"之根本。

第五章　休闲体育校企合作概述

第一节　校企合作的内涵和特征

一、校企合作的内涵

校企合作是我国高等教育产学研结合的传统在休闲体育教育中的发展。

（一）校企合作的概念

校企合作是主谓结构。"校企"是主语，主语中又存在着并列关系，即"校"与"企"并列，也就是说概念的主语是双主体。由此看出校企合作的字面意思是产学合作、双向参与。

1. 模式说

模式说是把校企合作认定为一种人才培养模式，从中又产生不同的观点，其中较为流行的观点是认为校企合作是一种利用学校和企业两种不同的教育环境和资源，采取课堂教学与学生参加实训工作有机结合的方式，培养适合不同用人单位需要的具有职业素质和创新能力人才的教育模式。对于模式说中存在的培养创新技术人才与应用型人才之争，校企合作是学校与企业通过在资源、技术、师资培养、岗位培训、学生就业、科研活动等方面的合作，利用学校与企业不同的教育资源和教育环境，培养能适应市场经济发展、适合企业需要的应用型人才为目的的教育模式,利用学校与企业在人才培养方面各自的优势,把以课堂传授间接知识为主的教育环境与直接获取实际经验与能力为主的生产现场环境有机结合起来,最终实现学校与企业双赢的一种人才培养模式。校企合作是学校解决实验、实训资源、场所不足和学生就业困难等,构建"双师型"教师队伍的需要;是企业获得优秀技术人才,零距离顶岗就业员工,解决科研问题的需要。

2. 机制说

机制说认为,校企合作开展休闲体育教育是一种以市场和社会需求为导向的运行机制,是以培养学生的全面素质、综合能力和就业竞争力为重点,利用高校和企业两种不同的教育环境和教学资源,采取课堂教学和学生参加实际工作有机结合,来培养适合不同用人单位需要的高级应用型人才的教学模式。它的基本内涵是产学合作,双向参与;实施的途径和方法是工学结合,顶岗实践;要达到的目标是提高学生的全面素质,适应市场经济发展对人才的需要。具体来说,包括以下内容:资源共享与技术的合作、专业设置与课程体系开发的合作、岗位培训与实验实习的合作、师资培养与科研的合作。

3. 中间组织说

中间组织说认为,所谓校企合作是指在为社会教育和培训合格的劳动者这一目标下,开展高校与企业、行业、服务部门等校外机构之间的合作,将学生的理论学习和实际操作或训练紧密结合起来,以提高休闲体育教育的质量和未来劳动者的素质,并增强企业部门与毕业生之间双向选择的可能性,最终促进社会经济的发展。

校企合作是一项涉及学校、企业、院校主管部门的系统工程,是一种利用学校与企业不同的教育资源和教育环境,借助外界力量,以培养适应经济社会发展、适应行业企业所需人才为根本目的的办学模式。

（二）校企合作的本质

1. 校企合作的教育模式

校企合作教育模式是一种以社会需求为导向的运行机制，其人才培养的过程由企业和学校共同参与，共同研发制订教育计划。校企合作人才培养模式与传统的教育模式不同，它是由单一的学校教育转化为学校和企业共同教育、由封闭式的学校教育转化为开放式的社会教育、由以理论学习为主转化为以实践教育为主的人才培养模式。

2. 校企合作的双方目标

校企合作是学校与企业两类不同社会组织的结合。校企双方，作为校企合作关系的直接利益关系方，一个是非营利性组织，一个是营利性组织，二者的行为规则和利益诉求均不相同。高校作为非营利性组织，从事的是社会公益事业，提供的是教育公共产品，以服务为宗旨，追求的是社会效益的最大化；而企业作为营利性组织提供的是商品和服务，以营利为目的，追求的是利润的最大化。在校企合作中，学校的目标通常是通过校企合作共建实习基地，为学生提供实习条件，推进双师培养和专业与课程改革等；企业则希望在校企合作中达成以下目标：获得技术支持、进行合作科研开发、员工培训、未来稳定的用工来源和社会声誉等。校企合作作为教育与经济合作的具体化形式，其实质就是教育根据企业需求，主动适应并为企业服务的合作，体现了教育必须适应经济发展，为经济发展服务的规律要求。

二、校企合作的特征

休闲体育校企合作教育的形式和开展内容必须围绕人才培养的目标、功能和定位，充分了解企业的需要，联系当地的经济优势，实现校企合作共赢的目的。因此，校企合作的特征主要表现为以下方面：

（一）职业性

休闲体育校企合作从一开始就以培养适合职业岗位要求的人才为目标，包括产学结合、工学结合乃至产学研结合，具有较强的功利性。因此，学习和生产相结合的主要目的是使学生在学习情境中教育自己、学习知识，养成良好职业素养，培养和提高专业能力、方法能力和社会能力，最终使他们完成由学习生涯向职业生涯的过渡。这一过程充分体现了休闲体育校企合作的职业性特征，也合乎企业对高素质技能型专门人才的要求。

（二）教育性

休闲体育校企合作教育是以培养学生职业能力为目标，是一种具有强烈经济行为和企业行为的教育形式。因此，校企合作的首要目标就是培养高素质技能型专门人才。校企双方以人才培养为共同目标，以岗位需求为导向，转变育人理念，强化人才意识，优化专业设置，明确培养目标，制订教学标准，整合教学资源，共同参与人才培养的全过程。这既是校企合作的内在要求，也是其本质属性——教育性的体现。

（三）互利性

合作是社会互动的一种方式，它是指个人或群体之间为达到某一确定的目标，彼此通过协调作用而形成的联合行动。因此，休闲体育的校企合作作为一种社会互动方式，在合作过程中各参与方具有共同的目标、相近的认识和协调的互动，也就是具有行为的共同性和目的的一致性，即互利性特征。

（四）经济性

校企合作办学是以经济社会需求为动力，面向地方经济社会发展设置专业，人才知识与能力结构符合社会需求，教学科研体现改革思路。校企合作办学是以紧密型、融合型基地建设为重点，抓住校企合作的关键，突破传统基地的学生实操单一功能，着重建设具有多功能、多层次的紧密型、融合型基地，把紧密型、融合型基地作为实施一体化办学模式的重要基础。

（五）创新性

创新是一个民族进步的灵魂，是国家兴旺发达的不竭动力。创新是休闲体育探索校企合作办学发展之路成败的关键。因为，在进一步完善休闲体育的人才培养过程中，探索校企合作的人才培养模式，既是一个不断改革创新的过程，也是休闲体育教育提高人才培养质量和实现可持续发展的必然需求。由于高校所处区域和面向行业不同，校企间的合作形式、内容与方式必然也不相同。在校企合作的过程中参与各方要以求真务实的态度和改革创新的精神寻求校企合作的有效途径，如果仅仅是照搬一些不太成熟的经验和做法，而没有结合各参与方实际情况进行改革与创新的校企合作，不可能真正实现校企合作办学的目标。

（六）多样性

校企合作必须是全方位、多层次的合作，合作的形式、内容和方式呈现出多样化的特点，如高校和企业的合作、高校专业和企业部门的合作、技术的合作、人力资源与物质资源的合作、信息的合作、研发的合作等。高校、企业、政府、社会等以多方生存和发展的共同愿望为基础；以人才、技术、效益为结合点，充分挖掘校企合作的内容和形式；以发挥各自优势为条件，遵守市场经济规律、休闲体育教育规律；逐步形成互利互补、良性循环、共同发展的长效合作机制，满足经济社会迅速发展和人力资源的动态性需求。校企合作的多样性是实现以服务为宗旨，以就业为导向的办学理念的重要措施，是达到校企长效合作机制的重要保障，是校企合作成功的重要标志。否则将会影响校企合作的广度、深度和效益。

（七）文化性

校企合作同时也是一种文化合作。目前大多数企业在激烈的市场竞争中已经形成了具有各自特色的企业文化，包括先进的理念、合理的制度、科学的管理、严谨的态度、完善的服务以及和谐的氛围等。高素质技能型专门人才培养需要企业文化的熏陶，学生作为校企合作的主要参与者，在各种不同方式的校企合作中，不但学习了专业知识和技能，也为学生深度接触社会、了解社会开辟了途径，同时也使学生能够接受企业文化的陶冶，逐步形成积极认真的工作态度、严谨细致的工作作风和团结合作的工作精神等职业素养。在校企合作的过程中，一方面，企业文化和校园文化的交流、渗透和融合，可以不断丰富校园文化和企业文化的内容，完善校园文化的职业氛围，提升企业文化的层次，实现校企共同更好更快的发展。另一方面，在校企合作过程中，企业参与高校的管理，企业先进的理念和开放的文化，特别是企业良好的服务理念和完善的服务体系融入，将会帮助高校全体教职工树立服务意识，形成良好的服务育人氛围。由此可见，校企间的文化合作——文化性，充分体现了校企合作的层次和水平。

第二节　校企合作的内容和原则

一、校企合作的内容

校企合作办学合作内容涉及学校培养技能人才全过程，包括发展规划、专业建设、课程建设、师资建设、实训教学、教学管理、学生管理、招生就业以及文化建设等几个方面。

（一）发展规划

校企合作中的发展规划内容包括：一是成立校企合作指导委员会。校企合作指导委员会由校企双方负责人、政府有关负责人和有关专家组成；制定委员会章程，提出校企合作规划和目标、活动方式等；在学校设立办事机构；建立日常信息交流反馈制度。二是校企共建战略伙伴关系。制定战略伙伴关系合作协议；校企双方定期或不定期研究新专业设置、老专业改造、技能提升培训、师资队伍建设、教材建设等涉及高技能人才培养与共同发展的重大问题；建立日常性联络制度，形成长效合作机制。

（二）专业建设

校企合作中的专业建设内容包括：一是成立专业建设委员会，专业建设委员会由学校负责组建，聘请行业企业的相关专家、高工和高管参加，人数不少于总人数的50%。专业建设委员会负责制定专业建设委员会章程，提出专业建设规划，拟定专业人才培养方案。二是建立校企共建重点专业和新专业建设决策机制，即校企双方主要负责人和相关专业骨干组成决策班子，确定重点专业和新专业的设置，并定期组织相关研究活动。三是建立由企业主导的专业建设协调机制，即由企业负责人针对新兴产业和主导主干产业确定新专业的设置，学校积极参与，对企业确定的新专业组织好申报、招生和教学实施工作。

（三）课程建设

校企合作的课程建设内容包括：一是校企共同制订教学计划，然后学校根据专业设置和人才培养目标以及企业的岗位人才需求规格等来编制教学计划、教学大纲和课程实施方案，做好教材选用工作，确定实习实践环节。二是校企双方共同确定课程体系，共同制订教学计划和教学大纲，双方有关人员共同编写符合企业需求的教材，制定实习实操实施方案，并由专业建设委员会进行课程标准的评审。三是由企业主导课程的开发，确定典型项目教学、工作任务案例、教学计划和教学大纲，并组织编写教材和实习教程，高校实施教学和人才培养。

（四）师资建设

校企合作的师资建设内容包括：一是校企共同组建师资队伍，学校聘请行业企业优秀高技能人才、专业技术人员、高级管理人员和专家担任生产实操指导教师和核心课程教学指导教师，在国家政策允许的范围内向企业有关兼职人员和实习指导老师支付一定的报酬；或学校依托和凭借合作企业培养培训师资，定期派遣教师到企业进修实训并形成制度，有效提升教师的实践技能水平。二是企业专家为学校教师举办新技术、新工艺、新设备、新材料等内容的学习培训；或企业安排研发创新人才对学校教师采用"师徒制"或"导师制"进行传帮带；或学校教师参与企业的技术攻关、技术设备更新改造和技术成果应用，企业把某一技术课题委托给学校进行技术攻关和技术改造等来提高教师技术研发和创新水平。三是企业相关人员到学校实行阶段性全脱产教学和科学研究，或学校教师对企业高级技术人员和高技能人才进行提升培训，相互融通。

（五）实训教学

校企合作中的实训教学内容包括：一是学校自身建立校内实训基地甚至生产性实训基地，配备设备设施，按照教学计划、教学大纲和人才培养目标组织实施实训教学。二是校企共建实训基地或生产性实训基地，基地的相关设施设备由校企双方共同负责；或开展产教结合实训，即由企业为学校提供相关产品，供学生进行产教结合实训，学生通过完成产品的部分工序达到实训的目的。三是深度融合实训教学，包括：企业建立生产性实训基地，主要设备设施由企业提供；或学校在厂区建立教学区，学校将一个或几个专业的教学放到企业去办；或学校将实训基地建在当地工业园或企业内,做到人才培养和人才使用的无缝对接。

(六)教学管理

校企合作中的教学管理内容包括:一是改革学生学业考核评价办法,完善"知识+技能"的考核评价体系,校企双方通过面试、笔试和实操等形式对学生的专业知识和专业技能进行考核,使学生取得相关专业职业资格证书和毕业证书。二是改革教学模式,让学生积极主动参与到学习过程之中,满足学生求知和就业的需求。三是改进教师教学质量评价的方式方法,企业参与教学过程和教学质量的全程监控。

(七)学生管理

校企合作中的学生管理内容包括:一是学校按照企业要求制定学生行为规范。学校按照企业要求制定学生行为规范。学校聘请企业相关人员参加,建立结构合理的学生管理机构,按照企业用人标准制定规章制度,开展学生活动,进行学生管理工作研究。二是学校与企业共同制定操行考核及奖惩制度,并运行有效。

(八)招生就业

校企合作中的招生就业内容包括:一是学校制订招生培训就业计划。学校按照企业需求,根据自身办学资源,制订招生培训就业计划,并组织实施。二是校企双方共同制订招生培训就业计划。校企共同制订招生培训就业计划,共同组织招生培训宣传、考试,共同确定录取名单;学生毕业时由企业安置就业,学校做好毕业生就业后的跟踪服务工作。

(九)文化建设

校企合作中的文化建设内容包括:一是企业文化进课堂。学校开设企业文化课程,聘请企业管理人员授课。二是德育基地进企业。在企业开设专项德育实训基地,零距离吸纳企业文化,让学生身临其境。三是企业文化进实训。还原企业真实的工作环境,严格按照企业岗位有关要求进行操作。四是企业制度进校园。学校把企业管理有关条例适当渗透进学生管理当中,让企业制度和大学制度有机结合,使学生及早感受到企业规章的约束,做到日常行为职业化。

二、校企合作的原则

为实行校企合作,促进休闲体育教育发展,在校企合作中应坚持服务企业、企业需要、校企互利、校企互动、统一管理的原则,力求实现高技能人才培养目标和校企互利双赢的目标,促进校企共同发展。

(一)服务企业原则

休闲体育教育的目的是为企业服务,为企业服务是休闲体育校企合作教育发展的指导思想,也是开展校企合作的基础和前提条件,企业服务的优劣对校企合作的成败具有决定性的作用。为了使校企合作能够较好地为企业服务,高校在开展校企合作的过程中,要积极主动地深入企业中进行调查研究,了解企业对人才的需求状况和技术要求,再根据企业的需求和标准积极为企业培养出令其满意的高技能人才。高校应始终坚持注重企业、服务企业、关心企业的发展,只有这样才能与企业建立良好的校企合作关系,促进校企合作的发展。

(二)企业需要原则

校企合作取决于企业的需要,高校应积极主动满足企业的需要,才能促进校企合作的发展和成功。在休闲体育校企合作教育中应根据企业的用人要求和岗位需要,制订出培养方案。高校深入企业中对员工进行培训时,应积极选拔最好的师资深入企业对员工进行培训。对于企业其他方面的需要,高校应尽最大的努力给予帮助。

（三）校企互利原则

校企双方互利是进行校企合作的基础，失去互利将无法谈合作。通过校企合作，企业可以增加经济效益、提高职工的能力和素质、促进企业科技进步；学校可以提高教学质量和实力，提高师生的技能水平，促进学校产学研结合。

（四）校企互动原则

校企合作需要高校与企业的互动，高校应定期组织专业理论教师到企业给员工培训，企业也应定期派技术员到高校举办讲座。通过校企互动，职业教师的实践知识丰富了，能力提高了，企业员工学到了理论知识，使得理论与实践互补，实现理论与实践一体化。

（五）统一管理原则

校企合作是高校与企业双方的活动，在校企合作中，对于校企双方的利益与责任要实行统一领导、统一管理、统一规划、统一实施、统一检查，只有这样才能实现理论知识与企业技术需要的较好结合。

第三节　休闲体育实行校企合作的重要性

一、有利于职校发展

（一）有利于高校软硬件的建设

校企合作可以有效地利用企事业单位的现有软硬件设备，有效地解决高校投入不足的难题。

（二）有利于休闲体育教育办学资源的积聚

校企合作办学资源的积聚主要表现在三方面。一是，有利于积聚政府资源，充分利用政府的调控职能和政策制定者优势，发挥政府在休闲体育教育的主导作用，包括人、财、物资源政策，校企合作政策。从某种意义上说，这种资源虽然抽象，但受益面相当广泛。二是，有利于集聚行业资源，依托行业、服务行业是休闲体育教育的重要特征，是行业政策的制定和行业发展政策的引导者，如能把休闲体育教育的有关事项嵌入其中，则一定会收到事半功倍的功效。三是，有利于集聚企业资源，企业需要高校的服务，也能给休闲体育教育发展带来更多的机会，如学生实习就业的机会，教师实践和锻炼的机会，整教整学的机会，生产技术一线技术和标准充实着教育教学的机会，这都是学校办学不可或缺的资源，在合作过程中，必然会相得益彰、互动发展。

二、有利于企业发展

（一）有利于减少人力资源成本

随着企业的发展，企业对人才的需求量也随之增大，但是由于许多毕业生往往无法达到用人单位的岗位要求，需要企业在他们上岗前对他们进行二次培训，这样大大增加了企业的人力资源成本，同时由于现在人才的流动性增大，许多企业在付出了沉重的培训成本之后往往无法获得应有的收益。校企合作将学习与工作、理论与实践、学校教育与企业用人需求有效结合起来，完善了学生的知识结构，提高了学生的动手能力。通过建立校企合作管理，学生能够在毕业时达到其岗位要求，从而有效地降低了企业的人力资源成本。

（二）有利于企业经济效益的提高

从现实来看，企业发展的动力源泉是经济效益，企业只有盈利，才能发展。而影响经济效益的因素是多方面的，包括产品、成本、资金、技术、人才等。在具体的生产过程中，企业往往会遇到技术、人员等方面的难题，如果仅仅依靠自己，解决问题有一定难度或者周期过长，影响企业的绩效。这就需要和高校进行合作，来解决自己的实际困难。从学校来说，它可以为企业提供相对较廉价的学生劳动力，从而使企业能降低成本，而学生通过长时间的在校学习，一般都掌握有一定的技术，学生到企业去顶岗实习，既可以锻炼自己，也可以发挥技术优势，帮助企业提高利润。校企合作，学校还可以为企业提供较强的师资队伍，老师通过带队实习，检查指导等形式，参与企业生产，能够帮助企业解决技术难题。解决了技术和人员这两个难题，企业自然达到了增效增收的目的。

（三）有利于企业技术创新

从实际情况来看，高校以及科研机构每年都有大量的新成果、新技术推出，但是这些科研成果往往要经过较长时间才能转化为经济效益，其主要原因是企业和学校、科研机构联系不紧密，合作较少，双方互不了解，使得技术推广难度大。随着现代社会竞争的加强，企业要发展，要提高经济效益，就要缩短技术创新的时间，降低成本，提高效率。开展技术创新和产品改革已经成为企业维持和获取竞争优势的重要手段。单纯依靠企业自身积累远远不能满足社会快速发展的需要，因此，通过相互间合作研发新技术、开发新产品已经成为企业发展的必然趋势。

三、有利于师生发展

（一）有利于打造"双师"素质师资队伍

高素质的师资队伍是提高高校教学质量和人才培养水平的关键要素。通过校企合作，高校的教师可以定期以脱产或半脱产形式到企、事业单位进行跟岗实践锻炼，很好地弥补岗位能力和实操能力不足的缺陷；同时，企、事业单位的专业技术人员和高级管理人员经过适当的岗位培训后也可以到高校进行兼职教学，从而解决实操教学师资不足的问题。因此，与企业的深度融合能够为高校培养一支具有高素养和高技能的"双师"素质师资队伍，从而优化师资结构，提高师资水平。

（二）有利于培养学生休闲体育职业能力

在校企合作模式没有开始前，学校由于财力缺乏，各专业的实习实训条件不能达到课程标准。而通过校企合作可以让学生选择与专业对口的实践工作，学生要转变自己的身份以一个职业人的要求完成用人单位交办的工作，到毕业时，学生就有了相关专业领域的工作经验，有些甚至还未毕业就已经成了企业的骨干。由此可见，通过校企合作，可以培养学生的动手能力、综合分析能力、独立完成工作的能力和应变能力等职业岗位能力，从而完成学生从"学生—学徒—职业人"的转变。

（三）有利于拓宽学生的就业途径

校企合作及时帮助学生掌握就业信息，实现学生就业和企业用工的顺利对接。目前，应届毕业生在谋求就业遇到的障碍之一是信息不对称，不能获得必要、及时的就业信息，这在一定程度上导致学生付出很大的经济、时间和机会成本，而不能找到适合自己的就业岗位。通过校企合作，极大地增加学生接触企业等用人单位的机会，使他们在实际生产和服务过程中，熟悉企业对人才素质的要求，了解企业聘用新员工的意向，直接或间接获得有用的就业信息。同时，通过校企合作，把握了行业发展趋势，掌握了企业用人需求，大大改善了毕业生的就业状况。

第六章　企业参与休闲体育教育的体制机制

企业的参与对于休闲体育教育而言有着重要的意义，它能够有效地改善休闲体育教育的培养质量，提高休闲体育教育所培养技能在劳动力市场上的相关性和适用性，有助于提升学习者的学习积极性和学习效果。然而在全世界多个国家和地区，企业参与休闲体育教育的积极性不足、程度和水平不够的情况普遍存在，这也对这些国家和地区的技术技能型人才的培养乃至经济社会发展构成了挑战。这一世界范围内普遍存在的问题并不只是微观层面的校企之间的问题与困难，而应追溯到中观与宏观层面的体制机制的问题与不足。本章希望运用新制度经济学、公共选择理论和劳动经济学等学科的分析工具，解释和分析企业参与休闲体育教育的体制机制问题，并在此基础上尝试提出一些建议。

第一节　企业参与休闲体育教育的关键制度要素

如何更加有效地提高企业参与休闲体育教育的积极性和水平，是诸多休闲体育教育乃至经济领域的研究者都希望理解、分析和解决的问题。本节尝试运用新制度经济学的理论来分析企业参与休闲体育教育的问题，并在此基础上提出若干政策建议。当然，影响企业参与培训的因素很多，比如宏观经济形势、实体经济的发展水平、企业的技术水平及自动化程度等，且它们之间也会相互影响，本节重点关注中观与宏观制度层面的影响因素。

一、我国企业参与休闲体育教育的困境分析

企业深度有效地参与是保障和发展休闲体育教育质量最重要的因素之一,然而,尽管我国休闲体育教育中的校企合作已经取得了许多成效,但企业参与休闲体育教育的程度与层次仍然欠缺。

我国学界对于企业参与休闲体育教育的问题已有大量研究,且已取得较为丰硕的成果,但过往的研究仍有没有穷尽研究方法的可能性,仍有部分问题的解释分析不够清晰,这难免造成视野的局限和分析的不足,它们主要体现在以下方面:以往的分析较多地集中在对个别学校与企业之间的专业设置、课程安排、教学方法、教师能力以及实训条件等中微观的层次上,较多地从学校的视角出发来进行分析解读,较多地运用教育学的理论与工具来分析校企合作的问题,较少从劳动力市场乃至经济社会政策等更为宏观的视角来剖析,较少从经济学等其他学科的视角来考察和分析相关问题。

为了更加深入地分析和理解校企合作中的困境及其根源,有必要尝试从不同的学科视角对该问题进行多维度的分析。由于校企合作中难免涉及企业行为,对于市场经济环境中的企业而言,企业与其他主体的互动常常都具有交易的性质,因此,将高校与企业的合作看成是市场交易的行为,从经济学的角度进行分析则很有可能提供一种新的视角。

如果将企业参与休闲体育教育的过程看作一个市场交易的话,我们将企业当作交易的一方,参与培训的学生——在此将其看作企业的学徒——是交易的另一方,则该市场交易自然兼具劳动力市场和商品服务市场两方面的特征。该市场首先具有劳动力市场的特征:企业需要学徒在培训期间的生产性劳动以及未来潜在的劳动力,学徒提供自己在可预计时间内的劳动,并以此换取工作报酬。该市场同时也是一个服务市场:职业培训是企业提供、学徒购买的一种服务,学徒用自己的劳动来交换培训这一教育服务。此外,通过获得该服务,学徒能够提高学自身的劳动生产率,从而提升自

己在劳动力市场上的价值。从劳动力市场的角度考察，学徒是供方，企业是需方；而从培训服务市场的角度考察，则企业是供方，学徒是需方。

这一市场交易的核心商品和要素无疑在于休闲体育教育及培训本身，培训是学徒购买的商品，是企业提供的服务，正是通过培训，学徒获得了休闲体育职业能力的提升；另外，也只有具备较高休闲体育职业能力与素养的学徒在当下及未来的劳动才是企业的主要收益，也是企业愿意投入职业培训的根本原因。在这个市场交易中，企业与学徒固然均需要投入多方面的成本，然而影响市场交易能否成功的核心之一则在于交易过程中所伴随和产生的交易成本。对于交易成本最好的分析工具，非新制度经济学莫属。

二、对企业参与休闲体育教育的制度经济学分析

依据威廉姆森（Oliver E. Williamson）的新制度经济学理论，交易是经济分析的基本单元，而经济组织中的核心问题是合同签订的问题。合同签订前后都会产生成本。合同签订前的成本包括信息搜集成本、协议谈判成本、契约成本，其核心问题是激励；合同签订之后的成本包括监督成本、执行契约成本，其核心问题则是交易成本，它总是与特定的治理结构相关。从该理论视角出发来分析企业参与休闲体育教育的问题，则培训市场中的交易行为应当成为分析企业参与休闲体育教育与培训的基本单元，而其中的核心问题正在于培训合同的签订。这也是国内外学者所共同认可的现代学徒制的核心特征之一。

由此看来，分析企业参与休闲体育教育的关键在于分析培训合同签订前后的交易成本问题，其中最核心的就是培训合同签订前的激励问题以及培训合同签订之后的治理结构问题。

威廉姆森的交易成本理论认为，影响合同签订及交易过程的核心因素包括：有限理性、投机行为以及资产专用性。当仅有投机行为和资产专用性，

而行动者具有充分理性时，交易中蕴含的合同过程为计划与设计；当行动者只有有限理性且交易商品具备资产专用性，但没有投机行为时，交易可以通过承诺来保证；当有限理性和投机行为存在，而资产专用性为零时，则交易必然通过市场竞争来实现；当有限理性、投机行为和资产专用性三者兼备时，则需要通过制度建构来保证交易的实现。

运用该理论框架来分析企业参与休闲体育教育的过程，结合国内学者已有的相关分析，我们可以概括出如下内容：

（1）在培训合同签订前，由于参与主体（企业、学徒及高校）都只有有限理性，且有投机主义倾向，资产专用性较低，因此签约过程必然是分散的、逐个达成的市场合同，相互之间的竞争难以避免，因此，合同签订前的重点在于激励问题，所以应尽可能创造条件让参与者从培训中获得收益以更加有助于企业和学徒、学校之间可信承诺关系的达成；与此同时，在此过程中的搜寻和信息成本、议价成本和决策成本等因素也不容忽视。

（2）在培训合同签订后，随着培训过程的进行，由于企业渗透和加入更多企业专有的技术技能的培训及操练、学徒所承担任务的复杂度的提升、默会知识的积累，以及劳动力的资产专用性的逐渐提升，交易成本问题在一定程度上转化为企业内部以及校企共同参与的治理结构问题。由于涉及校企共同培养人才，该过程中的交易成本在于校企之间的沟通、协调和共同开展培训的成本。与此同时，竞争也仍然存在，其强度则受到制度等因素的影响。

此外，培训本身的目标、内容、质量、时间长短、能带来的效益及价格等核心特征对于交易的成败产生至关重要的影响，只有当培训这一市场交易中的商品的这些核心特征足够清晰且为交易双方所认可时，市场交易才最有可能达成；而当培训的这些核心特征不够清晰或不被交易双方认可时，市场交易就会面临诸多困难：一方面交易双方可能因对交易的核心产品——培训的内容与价格等缺少清晰且相互匹配的期望，缺乏足够的激励与对方签订合同；另一方面，在合同签订之后，交易进行的过程，即培训的过程之中，交易双方之间有可能产生高昂的交易成本。在将高校纳入分析框架之后，上述对于交易本质与过程的分析不会有本质的差异。

然而，纯粹市场中的交易并不总是顺利的，市场失灵的情况在企业对休闲体育教育的参与中也会出现。玛格丽特·斯蒂文斯（Margaret Stevens）的研究论证了单纯的自由市场在培训中出现市场失灵的原理：正因为没有任何培训是对所有企业都有效的，也没有多少培训是仅仅对一个企业有效的，如果企业是纯粹竞争者，工人的工资会等同于其边际产品，任何企业只要付给该工人的工资低于其边际产品，工人就会跳槽；而在不完全竞争的市场上，企业则有可能付给工人低于其边际产品的工资。肯尼斯·伯德特(Kenneth Burdett)和埃里克史密斯(Eric Smith)则从匹配外部性(matching externalities）的角度论述了市场失灵的机制，认为其原因在于，当找工作的劳动者不确定是否能被雇用，且招聘员工的企业不确定是否有求职者时，其相互间是否能够达成工资协议将取决于求职者和空缺职位匹配的速度，以及交易双方与其他潜在交易者希望协商的工资水平，当有许多求职者竞争时，企业会倾向于尽快招聘那些薪水期望较低的人，从而降低劳动者从培训中的回报，导致对于培训更少的投入。

市场失灵的重要原因就在于企业间相互的挖墙脚行为。在这方面也已有一些专门研究。亚历山德拉·勒内（Alexandre Léné）从理论上进行了推演，并指出，即使是在不完全竞争的市场中，企业之间的挖墙脚行为也会存在，它会导致提供培训的企业反而面临技术技能人才短缺的情况，且在这种情况下政府的干预可能对于激励企业参与培训产生积极作用。挖墙脚不仅存在于理论层面的推演中，现实中的情况也验证了这一点。通过对瑞士不同地区的劳动力市场的实证分析，萨穆埃尔·缪勒曼（Samuel Muehlemann）与史蒂芬·沃尔特（Stefan C.Wolter）指出，即使在瑞士这样一个学徒制培训发达的地方，挖墙脚对于企业而言也是真实存在的威胁，为了使企业愿意投入培训，培训条例的设计和相应的制度安排应当有利于企业能从培训中获得合理的收益。

更进一步地讲，从制度经济学的视角看，经济活动的形式由交易成本所决定，而制度对于交易成本的大小则有着重要的影响，尤其是劳动力市场、休闲体育教育体系以及更加一般意义上的技能形成体系等多方面的制度安排都会影响到市场交易的成本。

因此，在市场失灵的情况下，要促进和推动促进企业参与休闲体育教育，就需要运用其他的制度安排及政策措施等来降低挖墙脚等行为的负面效应，这就涉及企业与教育体系针对休闲体育教育的治理结构问题。

综上所述，我们可以得出以下几点阶段性的结论：

（1）企业参与休闲体育教育是兼具劳动力市场与商品服务市场的交易行为，影响该交易行为的有诸多制度要素；

（2）促进企业参与休闲体育教育的关键在于创造条件让休闲体育教育本身能为包括企业在内的参与者带来某种形式的收益；

（3）从一般意义上的市场的角度出发，有利于促进企业参与休闲体育教育的关键要素在于清晰且为企业和学徒均接受的职业培训的标准，它应对培训的目标、内容、质量、时间长短、能带来的效益及价格等核心特征做出清晰的规定，能够有效地降低培训合同签订前后的交易成本，否则可能会产生高昂的交易成本；

（4）仅有单纯的市场机制并不能有效地促进企业参与休闲体育教育，企业参与休闲体育教育的交易成本受到更广泛意义上的社会制度的影响，比如，不完全劳动力市场制度则可能弥补完全竞争市场可能导致的失灵，从而激励企业参与休闲体育教育。

第二节　关键制度要素视角下的校企合作困境

上一节从比较抽象的层面分析了企业参与休闲体育教育在制度方面可能存在的一些挑战和困难，本节将这些抽象的分析放在中国的具体现实中进一步考察，尝试在这一框架视角下，发现中国休闲体育教育中企业参与不足的困境之原因。

前文已从理论上初步梳理了新制度经济学分析企业参与休闲体育教育的概念与框架，接下来，本节尝试运用已有的概念框架对我国企业参与休闲体育教育的困境进行进一步的分析。

目前我国高校与企业在休闲体育教育和培训领域已开展了形式多样、内容丰富的合作，也取得了较为丰硕的成果。然而，由于我国在现有的劳动力市场条件和一些宏观层面的经济社会制度安排，校企合作在很大程度上仍然是在中、微观层面上的个别或少数企业与学校的点对点式的较为浅层次的合作，合作过程中仍然难免出现困难和问题。从新制度经济学的视角看，这些问题与不足可以归纳概括为以下几个方面。

一、狭义的交易成本的问题

学校体系与经济界是两个截然不同的系统，其运行逻辑和行事方式也截然不同，个体学校与企业间的有效沟通、交流及深度合作都需要付出巨大的交易成本。

校企合作的开展常常需要学校或企业凭借其自身资源寻找合作伙伴，他们不得不付出较多的信息搜集、渠道公关以及谈判的成本才能达成有效的合作协议；而在协议达成之后，学校与企业间的沟通不畅通也对校企双方造成许多困扰。在此过程中还有许多其他成本随之产生。

二、企业参与意愿的问题

企业参与休闲体育教育的意愿较低，是我国休闲体育教育实践者与研究者最常提及的困难与问题之一，且原因常常与成本收益不成比例、担心提供培训后被挖墙脚等因素有关。

从制度经济学的视角看，这是典型的合同签订前的激励不足的问题，因为交易前景不够明朗，企业缺乏参与交易的原始动力。企业一方面担心在休闲体育教育中的投入因为被挖墙脚而损失，另一方面对休闲体育教育所能带来的回报没有把握。前者在一定程度上反映了充分竞争的劳动力市场环境下的困境；后者则是休闲体育教育培养目标与规格没有得到认可的体现，实际上就是现有的休闲体育教育标准缺乏产业界和劳动力市场的认可。

三、学校与企业的课程开发能力的问题

由于现有的学校专业教学标准和课程不能完全满足企业对劳动者素质和能力的需要，校企合作常常需要校企双方共同进行课程开发和教学设计，这意味着学校和企业需从日常的教学和生产及商业活动中抽出资源进行协调以进行课程开发、教材建设、实训室改造等多方面的工作，然而高质量地完成这些任务却需要很高的专业能力，单个的学校和企业在很多时候并不具备这些条件，因此完成这些任务困难重重。

休闲体育教育的课程开发是一项非常复杂的工作，涉及专业面向工作岗位的定位、岗位工作任务的分析、专业教学标准的编制、教学方案的设计、教学资源的开发和整理等多个任务，其过程应当吸收相关领域的实践专家、课程开发的专家以及专业课教师等多个群体，离不开科学合理的开发程序和校企合作机制，对参与者的能力及知识水平有着极高的要求。

已有的实证研究充分展示了高校与企业共同开发课程中所遇到的诸多障碍：由于课程开发的工作几乎完全由课程专家或教学专家来承担，课程开发没有突破学科课程的束缚，高职教师也缺乏对项目课程的准确认识，课程开发进展缓慢，课程开发的管理存在障碍，企业主动参与开发的意识不强，且企业的时间、资金与资源难以协调。这一困难也在学徒制的试点中反映出来：许多试点中都缺少对工学结合的设计，而这正是学徒制中课程开发与建设的重要组成部分。

不仅学校开发课程与专业教学标准面临困难，企业也存在力有不逮的情况。对于校企合作中的企业而言，由于开展校企合作项目而投入的成本，以及开发培养方案和课程等成本也在其总投入中占有显著位置。企业的核心目的是盈利，其内部组织及员工的配置主要都是为了服务其生产销售等商业行为，大部分企业也难免缺乏在校企合作中开发课程的能力，甚至对学校提供辅助和支持性的作用都会显得吃力。

第三节　我国企业参与休闲体育教育的困境与突破

目前已有很多研究对困境进行了研究和探讨，且取得了一些很有价值的成果。本节试图在国内外研究的基础上，运用公共选择理论与劳动经济学的方法对我国企业参与休闲体育教育的困境进行分析，从而揭示其背后潜藏的问题逻辑，并在此基础上借鉴制度主义理论提出破解这一困境可能的出路和方向。

一、解决困境的途径与方法

由上述分析可以看出，解决企业参与休闲体育教育困境的逻辑前提在于试图让企业从休闲体育教育和培训中获得合理的回报，在此基础上尽可能地保障教育与培训的质量。要达到这一目标,应当从改变(或拆解)大集团、建立不完全劳动力市场、制定开发企业职业培训标准等途径着手。

(一)形成和组建小集团

如前所述,我国目前行业企业参与休闲体育教育困境的重要原因之一就在于企业集团的数量过于庞大,企业参与职业培训的收益有限、动力不足。从这一逻辑出发,走出困境的办法即在于将大集团分解为小集团,并在集团内尝试建立相应机制,刺激和鼓励企业参与培训。

在这方面,德国职业培训的法制与规范系统在其早期发展阶段也经历了类似的过程。19世纪中叶到晚期,德国一些定位于高端产品市场的新兴企业组成产业联合会,形成了完全不同于传统行会组织所组成的治理结构,建设并大量利用公立高校进行职业培训,试图在其内部系统性地提升技术和商业教育的水平;而在德国职业培训制度的发展过程中至关重要的培训学徒及工人的工资协议的达成也是先在小集团内部实现,比如一次世界大战前柏林金属加工工业中的工资协议就是分行业个别谈判的结果。

目前中国的休闲体育教育与行业企业的合作过程中,也已经出现了一些大集团被逐渐分解、小集团逐渐形成的趋势,最为普遍的表现就是各地陆续成立的教育集团。尽管多数职教集团成立的目的在于整合学校、政府和企业的力量,搭建各方信息交流的平台,深化校企合作。但与此同时,许多集团的成立在客观上也形成了在一定区域内的或一定行业的企业与高校的联合,许多职教集团内部形成了协作或联盟关系,集团成员的行为受集团章程、协议或契约的制约,相互之间有一定的约束力。许多企业在特定的行业或区域内加入具有一定联盟或契约形式的职教集团,使其已经具备了奥尔森论述的小集团的雏形,在一定程度上已经具有了克服典型大集团困境的可能。

（二）建立不完全劳动力市场机制

在劳动力自由流动的情况下，即使是小集团的内部仍然难以避免企业间的相互"挖墙脚"，若要防止这一现象的大范围出现，鼓励企业参与投入休闲体育教育和培训，劳动力市场中必须要有一些制度安排来降低劳动力的自由流动。阿西莫格鲁和皮斯克的研究在理论和实证两方面都清晰地指出，任何解释企业投入职业培训的模型都必须有不完全劳动力市场的成分。不完全劳动力市场的来源可以有很多，劳动力市场的买方垄断、最低工资的存在、工会及工资集体谈判、工资税等都是理论中较为经典的情况。在涉及企业参与培训的原因时，更加常见的情况则是，对劳动力市场竞争进行阻碍干扰，比如人为压缩工资差距、达成企业间的工资协议。

通过压缩工资差距，阻碍熟练技术工人工资的增长，使技术工人工资的增长变得缓慢从而低于边际产品价值，企业才能够从对技能培训的投资中得到回报。另一种做法则是某个集团的所有企业达成相互间的工资协议，使得集团内部的企业之间工资差异较小，鼓励工人在原来的企业长期工作，从而减少劳动力市场的正常流动。

（三）建构可信的承诺关系

当部分企业形成小集团且集团内不完全劳动力市场机制形成时，在缺乏其他外在制约因素时，培训学徒仍然有可能选择离开提供培训的企业，而企业与培训学徒之间的可信承诺关系的建立则能够有效地防止和减少这种情况的发生。

在某种程度上，建立企业与培训学徒之间的可信承诺关系也是强化不完全劳动力市场的一种措施，它可以减少劳动力市场的自由流动。其核心要素在于，培训学徒与企业达成培训协议，其中对培训期间学徒的收入、培训的时间跨度，以及培训学徒应该完成的工作量都做出相应的规定，或者培训学徒同意在培训结束后仍然（以相对较低的薪水）在该企业继续效力一段时间。也就是说，培训学徒通过在培训期间或培训结束之后所创造的价值承担一部分培训所产生的成本和费用，进而为鼓励企业投入资源到职业培训之中。

德国双元制培训中企业与培训学徒之间的培训合同就被广泛认为是其双元制得以成功运作的重要基础之一。一个经过多方认可所达成的所有培训合同都应遵循的基本框架中就明确地规定了培训学徒的工作量和培训的时间跨度，从而有利于培训学徒在培训期间就为企业创造价值、从而承担培训成本创设了条件。根据德国学者的统计，2007年全年德国企业平均在每个学徒的身上的总花费为15288欧元（其中9491欧元用来支付学徒的工资），而每个学徒平均给其企业带来11692欧元的产值。也就是说，培训学徒所创造的价值相当于培训总成本的76%。

我国部分地区其实也已有这方面的相关尝试。如一些向职校学生提供培训的企业，在正式培训开始之前，先与培训学徒签署一份培训及服务协议，按此协议的规定，学生需要在完成学业、获得职业资格之后继续为该企业服务一段时间（各个企业情况不同，大多为2—5年），如果不能做到这点，学生需要向企业赔偿一定的培训费用。这就可以保障企业能够从培训中获得一定的收益，对于稳定企业对休闲体育教育和培训的投入，起到了非常重要的作用。

（四）制定开发企业职业培训标准、强化企业责任

在上述几项条件都具备时，企业将有足够的动力参与职业培训，然而由于缺乏培训的标准，在很大程度上培训的内容和方式由企业自己决定。在这种情况下，培训本身的质量仍然无法得到保障。若要保障培训的质量，防止上述情况的发生，一套企业和高校共同接受的职业培训标准不可或缺。在这一标准中，企业的培训资格、职业培训应当达到的能力要求、培训的内容和时间长度等都被清晰规定，企业在职业培训中的责任也应明确，从

而保障学徒在企业并不只是被当作简单劳动力使用，企业有义务对其进行相关培训，以使其达到资格考试的要求。

德国的职业培训条例（Ausbildungsordnung）、澳大利亚的培训包标准（Standards for Training Packages）以及芬兰的职业资格学习计划（Vocational Qualification Study Programme）等都是相应国家在国家层面由教育与经济界共同开发出的，因而受到休闲体育教育参与各方广泛认可的职业培训标准。这些培训标准对职业培训的目标和内容作出了清晰的规定，企业在进行职业培训时，就必须依照相应标准，并力图使其培训学院达到培训标准中规定的能力和知识目标。

目前我国已有部分校企合作协议及职教集团的章程中规定了企业应当承担的义务，也有部分校企共同开发区域水平的课程标准的尝试。然而在全国范围内仍然缺乏一套受到学校和企业界广泛认可、专业及区域覆盖面足够广的休闲体育教育课程标准。究其原因，一方面，在现有的专业教学大纲的开发过程中仍然没有充分吸纳行业企业的积极参与；另一方面，缺少对休闲体育教育中的企业实习环节的课程目标及内容上的规定。

二、推进企业参与休闲体育教育的具体改革方案与措施

综上所述，推进企业参与休闲体育教育的办法主要是是：一方面在分解大集团、成立小集团的基础上尝试建立一套机制，从而在一定范围内、一定程度上创造不完全劳动力市场机制，并在企业与培训学徒之间搭建可信承诺关系，使得企业能够从休闲体育教育和培训中获得合理的回报，从而保障和激发企业参与休闲体育教育的动力；另一方面，制定开发得到企业和教育界共同认可的职业培训标准，并采取措施监管这一标准在企业职业培训中实施的情况，从而保障培训学徒在受训期间能够较为系统地学习和掌握相关岗位的知识与技能。

在前文分析的基础上，在此尝试提出以下几条具体建议，以通过引入新的规则来推动企业更加深入、高水平地参与休闲体育教育，促进休闲体育教育的质量提升。

（一）加强职教集团的制度建设

结合现代学徒制试点，将不完全劳动力市场的机制引入到现有职教集团中，激励企业投入休闲体育教育的动力。尽管目前我国各地职教集团已有许多有价值的尝试，但也有一些局限和不足，它们中的大多数仍然由高校或教育主管部门牵头并担任理事长单位，导致现有的职教集团的运作模式容易从院校或政府的利益出发，对企业参与休闲体育教育的动力来源理解不够全面，未能完全解决企业的动力机制问题。

要解决企业的动力机制问题，则需要尽可能地形成一定区域和行业范围内的小集团，并在小集团内部引入不完全劳动力市场的机制：①通过压缩工资差距、达成企业间的工资协议等方法使得集团内部的企业之间以及企业内部的工资差异减少，鼓励工人在原来的企业长期工作，从而避免企业间"挖墙脚"的现象，减少劳动力市场的正常流动。②通过签订培训合同等方式，建立企业与培训学徒之间的可信承诺关系，对培训期间学徒应该完成的工作量及其收入等都做出相应的规定，或保障学徒在培训结束后仍然在该企业继续工作一段时间，以提高企业从培训中的收益，鼓励企业参与职业培训，使其更加愿意与高校合作。

此外，还可以扩大现代学徒制的试点，在更大的范围内尝试将现代学徒制引入已有的职教集团中，根据行业和地区的人才需求状况，发展出多个具有行业和地区特色、覆盖面更广、企业深度参与休闲体育教育全过程的职教集团。

（二）搭建国家休闲体育教育决策及标准制定平台

充分整合企业界和教育界，制定一整套受到各方认可的、切实可行的，包括企业职业培训标准在内的休闲体育教育标准和考试方案。

如同学校教育一样，企业职业培训也需要遵循一定的教育标准，包括教育和培训的目标（能力标准）、课程的内容以及考试标准，且这一标准应当包含在整个休闲体育教育的教育标准之中，并与高校的相应标准，比如相应专业的专业教学计划和考试方案相匹配，也只有涵盖休闲体育教育和培训各个环节、不同学习地点的教育教学的教育标准才是一个完整的教育标准。

为了更大限度地调动企业参与休闲体育教育的积极性，在此教育和培训标准中，也应当尽可能包括培训时间跨度方面的要求，从而兼顾培训期间学徒可能创造的价值，使学生在培训期间就为企业创造一定的价值成为可能。

若要使这一教育和培训标准受到企业和高校的广泛认可，其开发和制定过程就必不可少地需要相关利益主体的共同参与。若要使这一培训标准得到有效的实施，则对于企业培训行为的有效监管不可或缺。而要实现这一点，则一方面需要国家搭建相应的休闲体育教育决策和标准制定的平台，从而整合经济界和教育界等多方面的力量；另一方面，则需要代表企业的组织——商会和行业协会在休闲体育教育中发挥更大的作用。

（三）强化行业协会和商会的功能

赋予其在休闲体育教育方面更大的权力，降低教育界与行业企业在校企合作中的总交易成本，更有效地代表企业的利益在休闲体育教育中的诉求，让行业协会在休闲体育教育中发挥更大的作用。

不同的企业对于人才的需求不同，若要更加有效地在校企合作中整合不同企业的诉求，行业协会应当具备在休闲体育教育中更大的权力和发挥的空间。要加强行业在休闲体育教育指导作用，"把适宜行业组织承担的职责交给行业组织，给予政策支持并强化服务监管"。具体来说，行业协会和商会在我国休闲体育教育发展中可以起到以下作用：调研并与教育部门分享相关行业企业的人才需求信息，参与教育标准的制定，更加紧密地参与休闲体育教育的决策和日常工作中，帮助在行业类职教集团建立不完全劳动力市场机制，参与到高校考试标准的制定及考试考核的监督实施之中。

任何现存的社会制度都不是完全由人们预先设定出来的，而是特定经济社会条件下具体的过程事件及不同参与主体博弈的产物，当我们分析和展望我国企业参与休闲体育教育的发展与变革时，应当对制度发展变迁的复杂性有充分的尊重和理解，并在政策制定和调整中考虑到这种复杂性。同时，休闲体育教育的现代化不仅需要企业界经济界的参与和投入，包括学徒在内的不同参与群体的利益诉求和表达、良好且有效的法律规范、政府恰当的政策引导等多种因素也不可或缺，只有在各参与主体之间的利益协调与权力均衡之时，休闲体育教育才能够实现其真正意义上的现代化。

第四节　企业参与休闲体育教育的关键体制机制建议

基于前文的理论框架及对现实情况的分析，本节在此尝试归纳、概括企业参与休闲体育教育中的一些核心要素及其相互作用，并从中总结出影响企业参与休闲体育教育的几个关键制度要素，并提出相应的政策建议。

一、关键制度的建构

我国校企合作的大量实践表明，企业参与休闲体育教育的核心困境，首先在于企业因为对于成本收益的担心而不愿意参与和投入到休闲体育教育与培训中。从新制度经济学的视角看，这是典型的市场交易前存在激励不足的问题。

前文梳理的实证研究还可以看出，校企合作在实施过程中也面临诸多困难与挑战，比如课程开发的难度巨大与成本高昂、校企之间在相互协调上所耗费的时间精力以及部分学生权益所受到损害等，这些都是合同签订之后的交易成本与治理结构的问题。其背后的根本原因则在于双方交易的核心内容——教育与培训本身不够清晰或难以得到各方共同认可，而在缺乏参与各方共同认可的休闲体育教育标准时，学校与企业单独进行课程开发困难重重。

德国与太仓的企业参与休闲体育教育的较为成功的经验则说明：①不完全劳动力市场的制度安排有利于企业从休闲体育教育与培训中直接获利，从而激励企业参与休闲体育教育；②清晰且被企业和学徒共同接受的职业培训标准起到重要作用，能够有效地降低企业参与休闲体育教育的交易成本；③在德国那样的外部经济社会环境不完全具备时，一些替代性的制度及政策安排能够弥补性地提高企业对休闲体育教育的参与意愿及水平，其关键则在于一方面创造条件让企业从休闲体育教育中获利，另一方面通过运用参与各方认可的休闲体育教育标准来降低交易成本。

由此看来，促进企业参与休闲体育教育的关键制度要素应当有以下几方面：①某种形式和程度的不完全劳动力市场机制，在一定程度上限制劳动力市场的完全自由的流动，为企业从参与职业培训中获得合理收益创造条件，从而激励企业参与休闲体育教育与培训；②接受参与各方证书化的职业培训标准，以降低企业、高校和学徒在培训过程之中的交易成本；③系统、有效的利益代理机制使得企业界、劳动者及学徒以及高校都能够通过其利益代理机构或组织来表达其对于休闲体育教育的利益诉求；④政府在制度及资源方面的支持与投入，以弥补市场失灵所引起的问题，并在一定程度上推动教育与培训为公共利益服务。

这里需要补充说明的是，建立不完全劳动力市场机制，设置更多的劳动力市场规范，限制劳动力自由流动，肯定会有一定的负面效应，劳动市场的灵活性与透明性会受到损失。在这一点上，政府需要进行一定的政策权衡，以在市场机制与行政手段的运用之间达成一定的平衡。

基于上述分析，本书在此提出下列几条有可能推动促进校企深度合作、产教深度融合的政策建议。

首先，尝试培育面向高校学生的职业培训市场，且发挥市场在企业对休闲体育教育的参与中资源配置的基础性作用，以调动企业及高校等多个参与主体的积极性。这一点离不开体制机制的创新，需要宏观制度与中、微观的机制层面共同的保障与支持。有利于培训市场发挥作用的制度和机制的核心内涵在于允许企业从参与投入休闲体育教育和培训中合理获利，形成休闲体育教育的可持续发展机制。

其次，吸纳行业企业共同合作开发各方认可的休闲体育教育与培训标准。这一标准必须明晰和确定涉及培训的关键内容和要素，比如培训的目标及主要内容、培训的时间长短、培训期间的工作内容以及合同有效执行的各相关条件等。这必然是一个非常漫长并且需要投入大量资源的过程，经由企业、劳动者代表、高校以及政府等多个参与方共同开发认可的标准是一种公共资源，将在培训市场上起到匹配资源和稳定预期的作用，能够有效地降低企业与学校之间的交易成本。

作为一种准公共产品，休闲体育教育和培训不能仅仅遵循市场的原则，一定程度的公共投入和行政手段的使用是必不可少的，比如，传授一般知识与技能同时肩负国民教育职责的高校无疑仍然需要政府的大力支持。只有当市场和政府发挥各自应有的作用时，企业的参与才能更加有效地提高休闲体育教育的水平，休闲体育教育才能更加高质量、可持续地发展。

二、发挥市场在现代学徒制发展中资源配置的主要作用

2018年，教育部与人社部都颁布了开展学徒制试点工作的意见，然而，

对于如何进行试点改革、推进相关工作,各地高校及企业都仍在探索和尝试中。要实际有效地推进并实施相关试点工作,至关重要的是发挥市场在现代学徒制发展中资源配置的主要作用。

现代学徒制的发展必然伴随着行业企业参与休闲体育教育程度的深化、水平的提高,而引导和吸纳行业企业参与休闲体育教育需要发挥市场机制的作用。

第七章　校企合作的长效运行机制建设

建立健全"人才共育、过程共管、成果共享、责任共担"校企合作长效机制，提升校企合作办学内涵。依托校企合作办学理事会，以"校企合作、工学结合"为切入点，充分调动行业和企业参与高职办学的积极性，不断完善校企合作运行机制，建立"'双师'双向交流、实践基地共建、双向服务、合作就业、人才培养质量评价"的校企合作"人才共育、过程共管、成果共享、责任共担"的紧密型长效机制。

建立理事会资源优化机制，实现教育教学资源和企业资源的相互共享，形成理事会强有力的合作、管理和运营优势；加强政府、学校、行业和企业之间的全方位合作，建立适应市场、立足行业、依托企业的现代休闲体育教育模式和体系，有效推进学校依托产业办专业、办好专业促产业；开展师资、职业资格等全方位培训，促进"订单式培养"，实现"零距离上岗"，形成校企之间的良性互动，推动校企的共同发展，使校企互惠共赢，提升休闲体育教育综合实力。

第一节　理事会日常工作机制

一、理事会设置

理事会设立常务理事会、专业委员会和监事会，其设立与调整由理事长提议，理事会会议决定。

（一）理事会设立常务理事会

常务理事会负责理事会的日常工作，包括筹备理事会会议，确定会议程序和议题；编制并执行理事会工作预算；落实新理事的聘请工作；组织理事会的自我评估工作；执行其他由理事会确定的任务。在理事会闭会期间，常务理事会经理事长同意，可处理紧急事务，并及时向理事其他成员通报。

（二）理事会可根据需要设立若干专业委员会

设立的专业委员会应当设定其专业委员会管理制度，内容需包含：工作准则、组织架构、成员产生、成员权利与义务、工作程序等内容；各专业小组分别设召集人一名；专业委员会作为理事会的内部分工组织，负责对部分专门事项进行调查研究，形成议案，作为理事会决策的依据；专业委员会向理事会负责，没有决策权；专业委员会根据工作需要，可吸收非理事专家和本基金会高级管理人员参加。

（三）理事会设立监事会

监事依照章程规定的程序检查基金会财务和会计资料，监督理事会遵守法律和章程的情况；监事列席理事会会议，有权向理事会提出质询和建议，并应当向登记管理机关、业务主管单位以及税务、会计主管部门反映情况；监事应当遵守有关法律法规和基金会章程，忠实履行职责；有权召集特别理事会。

二、定期会议制度

理事会、常务理事会建立定期会议制度，形成了定期沟通机制，有效加强交流与合作。校企合作办学理事会每年召开两次理事会大会和若干次常务理事会。理事会大会由副理事长主持，理事长做年度工作报告，并主持讨论和部署下一年工作计划，表彰校企合作先进单位和先进个人。常务理事会每季度召开一次，主要内容为审议新修订、新出台的制度文件，审议常务理事单位增补名单等。

定期的交流和沟通机制，有助于及时了解双方合作需求，互通政策信息，听取意见和建议，有效加强了政府、院校、行业、企业之间的沟通和联系，为校企合作办学奠定了共识和基础，也创造了更多合作机会和可能。

三、理事会成员动态管理机制

理事会根据河源区域人才需求、培养和社会服务的需要，实施了动态的成员管理，优化成员结构。一方面，理事会基于会员实效原则，对已经没有合作或不真心合作的企业实施退出机制；另一方面，以长期紧密合作为标准，通过积极主动联系行业与企业事业单位，增补优质的合作对象，不断优化理事会成员单位结构。

四、理事会工作制度

第一，理事会是合作社的执行机构，对成员大会负责。

第二，理事会职责：①组织召开成员大会并报告工作，执行成员大会决议。②制订本社发展规划、年度业务经营计划、内部管理规章制度等，提交成员大会审议。③制定年度财务预决算、盈余分配和亏损弥补等方案，提交成员大会审议。④组织开展成员培训和各种协作活动。⑤管理本社的资产和财务，保障本社的财产安全。⑥接受、答复、处理执行监事或者监事会提出的有关质询和建议。⑦决定成员入社、退社、继承、除名、奖励、处分等事项。⑧决定聘任或者解聘本社经理、财务会计人员和其他专业技术人员。⑨履行成员大会授予的其他职权。

第三，成员大会从本社成员中选举产生一名理事长，依照章程的规定行使职权。

第四，理事长是本社的法定代表人。主要职责：①主持成员大会，召集并主持理事会会议。②签署本社成员出资证明。③签署聘任或者解聘本社经理、财务会计人员和其他专业技术人员聘书。④组织实施成员大会和理事会决议，检查决议实施情况。⑤代表本社签订合同等。

第五，理事会所议事项要形成会议记录，出席会议的理事应当在会议记录上签名。

第二节 校企"双师"双向交流机制

校企共同修订完善《关于"双师"双向交流的实施意见》等文件，不断完善"责任明确、管理规范、成果共享"的"双师"双向交流机制。聘请企业工程技术人员承担实践教学任务，与学校教师共同开发实践教学课程内容，负责学生技能训练指导；专任教师到合作企业顶岗实践，提高教师实践能力；教师参与企业的技术革新、设备改造与新产品的研发，承担企业员工继续教育的培训工作。通过校企合作实现专任教师与企业技术人员对接，解决"双师素质"教师队伍建设问题，构建校企教学研究团队和技术创新团队，深入钻研技术、研发新产品新工艺、开发实践教学体系，共同开发和实施工学结合课程、共同开展技术研发，提高教育教学水平和企业生产效率。

一、"双师"双向交流的制度建设

学校出台了《"双师"双向交流实施意见》《双师素质教师队伍建设实施办法》《兼职教师聘用与培养管理程序》等有关文件，着力构建双向交流的动力机制。文件进一步明确对进企业锻炼教师及来学校兼职的企业员工在政策方面的支持及相关奖励激励措施,并明确在考核评优、职称评审、绩效考核、培训进修等方面向"双师型"教师倾斜。此外,校企共同制定了《"校中厂""厂中校"运行管理办法》《校企双向服务实施办法》《校企"双师"结构教学团队建设管理办法》《校企合作开发课程管理办法》和《企业兼职教师实施与管理办法》等文件,不断完善"互利共赢、共建共管"的实践教学基地共建机制,不断完善"责任明确、管理规范、成果共享"的"双师"双向交流机制。

二、"双师"双向交流的具体内容

(一)师资交流

第一,学校教师下企业锻炼。学校选派教师到合作企业学习锻炼,通过学习获取企业先进的新知识、新技术、新工艺和新方法,多方面、多途径培训专任教师,充实专任教师的"双师"素养。各院部根据教学任务的安排情况,每年选派一定的教师下企业锻炼学习。学校专门出台了《教师进企业(或部门、单位)挂职锻炼管理程序》,明确相关管理要求。优先安排无实践工作经历的教师要作为驻点带队教师到企业或相关单位管理学生的实习。所有教师要优先考虑借助于带队实习的机会,加强与企业的联系,深入企业锻炼实践能力。具有企业工作经历的教师或具有高级职称的教师要同时在企业开展技术开发等项目合作。

各院部及学校教务处、人事处、科研处、督导处等职能部门要不定期地到企业走访,了解教师在企业的工作、学习情况,包括到岗情况、工作内容、工作纪律和工作成效等,探讨交流、解决问题。

各院部、教务处、人事处等有关部门对教师进企业实践的情况进行综合考核,评定考核结果。有下列情况者考核为不合格:实践时间内,学校检查或抽查到教师不在岗,且经核实事先没有向所在院部办理请假手续;

教师在实践时间内，不遵守实践单位规章制度，造成投诉并影响恶劣或导致学校形象受损；未完成进企业实践有关任务。

教师进企业实践回校后，要在院部范围举行进企业实践成果汇报会，汇报自己的实践情况、收获与体会。

第二，企事业单位的专家、技术骨干、能工巧匠进学校。学校聘请企事业单位的专家、技术骨干、能工巧匠到学校担任兼职教师，传授实践技能和知识技术的应用，承担部分专业实训课及相关课程教学任务。积极推介优秀教师为企业职工进行培训，也可推介学校高层（院、部领导）担任企业顾问，定期进行系列讲座，并创造专任教师和兼职教师交流的机会，如在筹建专业实验、实训室，组织教研活动等方面，积极邀请兼职教师参与，认真听取他们的意见建议。让兼职教师指导校内教师的实践教学活动，安排专任教师和兼职教师结成对子，互通有无、取长补短等。

外聘兼职教师的任职条件。具有良好的师德，较强的敬业精神。具有一定的教育教学经验，熟悉高等教育的教学方法。具有中级以上专业技术职称或本科以上学历，专业知识水平较高，能胜任所讲授的课程或毕业设计（论文）的指导工作。某些专业课程经批准可适当放宽任职条件，但需持有相关专业职业资格证书，或技能岗位等级高级工以上，或具有相关专业三年以上工作经历，身体健康，精力充沛，能完成教学任务。

外聘兼职教师的管理。外聘兼职教师管理由学院（部）、教务处、督导处和组织人事处负责。各院（部）按统一的要求建立起本学院（部）外聘兼职教师档案。组织人事处汇总并建立全校外聘兼职教师档案库。各院（部）具体负责兼职教师的日常管理工作。每学期召开一次外聘兼职教师工作会议，了解外聘兼职教师的教学情况，通报学校教学信息，总结教学工作。教务处负责审核和检查兼职教师的教学工作量。兼职教师的教学质量由督导处和院（部）共同监控。督导处、各院（部）根据教学计划的要求，应不定期抽查和了解外聘兼职教师的授课情况和课程辅导、作业批改等情况，检查教学质量。对学生意见强烈、教学效果差或严重违纪的外聘兼职教师，由督导处、各院（部）研究后及时予以辞退，并由各院（部）做好后续工作。

外聘兼职教师的职责。教学工作量包括上课、辅导、批改作业、出试卷、批改试卷、评定成绩、试卷材料归档等。按学校的教学计划、课程标准等教学文件进行讲义组织和教案制定，按行动导向、学生主体的要求实施教学，必须备有所教课程的教案，以保证教学质量。严格按照课程表讲课，未经聘任学院和教务处批准，不准擅自调课、停课或者更换教师。因事因病请假，复课后必须及时补课。认真进行课程辅导，作业批改。参加所授课程试卷的出题、监考、评卷等工作。在每学期课程考试结束后，按学校要求及时录入和送交学生成绩，并按照学校对试卷相关材料的要求，提供相应的材料。参加各院（部）组织的集体教研活动，每学期参加教研活动不少于四次，并对学校的各项工作提出合理化建议，共同搞好教学活动。

（二）教学交流

共同研讨专业建设方案、专业课程建设和资源建设。各院部与相关企业根据产业人才需求情况，共同开发相关专业核心课程，建立突出休闲体育职业能力培养的课程标准。相关企业提供相关职业资格标准、行业技术标准、相关岗位知识与技能要求等资料。各企业利用自身在相关应用项目实践中的各种素材，不断丰富院部的教学资源库，包括重大项目可对外披露的设计文档、架构图、流程图、实施关键控制点、PPT、视频资料、新产品样机等。

共建教学实训基地。为促进校企深度合作，各相关企业协助校方建设相关实训室，提供实训解决方案，并给予一定的支持。实训基地的建设要有效解决校方新专业建设过程中所涉及的课程设计、人才培养方案、培养目标的制定及配套实训设备投入等问题，加快专业建设步伐，抢占发展先机。

实习实训指导。各院部与相关企业签订合作协议，结合相关企业的实际情况制订顶岗实习、工学结合计划（包括学生人数、专业、实习时间、实习内容、负责人等），经双方确认后执行。实习期间，校方需派出实习带队老师负责具体实习事务，保证学生遵守有关法规和相关企业的管理制度。企业派一线能工巧匠指导学生实习，提高学生的实际动手能力，积累实际经验。

校企共建课程、共同开发教材。学校聘请了企业"能工巧匠"和"技术能手"实施弹性教学安排，灵活安排教学时间，与学校教师共同开发实践教学课程内容，负责学生技能训练指导，承担实践教学任务，确保优秀兼职教师到校上课；专任教师到合作企业顶岗实践，提高教师实践能力；教师参与企业的技术革新、设备改造与新产品的研发，承担企业员工继续教育的培训工作。

（三）技术交流

双方合作进行各种类型、各个层次的科技项目研究开发，可以通过相关媒体刊登相应的科研成果。校企联合参与行业活动，双方利用各自优势资源，在符合当地区域经济特色的各种行业项目中深层次合作，发挥高校与企业双方各自优势，构建"双师"双向交流、校企双向服务的机制，借助双方的师资、技术、场地、设备的优势，以项目合作形式开展核心课程建设、新产品的研制、高技能与新技术培训、继续教育等方面的合作。同时，争取政府支持，共同研究，共同开发，共同实施，促进地方经济发展。校企双方利用各种学术会议、行业会议和有关推广资源，推荐介绍对方，以提高双方的知名度和影响力。

（四）文化交流

学校与企业合作举办多样化的活动（校企合作交流会、企业文化活动、企业调研活动、创业大赛、创业成果展示等），为在校大学生推介校企合作项目。这些活动可邀请政府部门、媒体、企业家、专家教授等前来参加。

聘请企业相关专业的中高层领导为学校客座教授、专业带头人或兼职教师，参与学校内涵建设，或开展企业文化与管理实务的系列讲座。学校相关专业的教师为企业进一步凝练和提升企业文化提出好的建议。

三、"双师"双向交流的组织实施

各院部校企合作办公室负责"双师"双向交流的组织实施。为实施双向交流并提高工作效率，各院部与相关企业要成立双向交流联络工作小组，工作小组由双方各委派一到两名工作人员组成。联络小组负责日常联络工作，提出阶段性合作计划，协调解决交流中的有关具体问题。

原则上每个专业，每学期与相关企业和兼职教师的交流三次以上。每次交流要做好记录，各院部负责检查本院部"双师"双向交流情况，组织人事处负责检查各院部"双师"双向交流情况。

各院部定期走访企业人事部门负责人，了解企业发展情况、人力资源需求情况和在岗员工技术、技能提升的需求，及时为企业发展提供人才培训服务，落实双师双向交流计划，分析、交流工作的开展情况。

第三节　校企实践基地共建机制

一、校内实践教学基地

校企深度融合，共建"校中厂"。引进企业进驻学校，企业按生产要求提供建设生产车间的标准、加工产品的原材料和产品的销售，学校提供符合企业生产要求的环境、场地和设备，建立生产型实训基地、教学工厂。企业选派人员管理工厂生产经营，指导师生的生产、实践和实习实训，帮助学校建立实训课程体系；学校按照生产要求，将实训课程纳入整个教学体系当中，安排学生到"校中厂"顶岗实习，派教师到"校中厂"实践。企业依据自身的生产设备和技术人员情况，提出人才需求规格要求，由校企双方共同开发实践教学课程，将企业文化、生产工艺、生产操作等引入教学课程内容。

（一）"校中厂"实训基地建立目的与原则

"校中厂"实训基地是学校教学、科研、生产三者结合的实训基地之一，是学校实践教学基地的重要组成部分，其根本目的是将企业生产设备、运行资金、技术人员等资源引入，与学校场地、设备、师资有机整合，使教学与生产结合，理论与实践结合，课堂与真实生产情境结合，校企深度融合，让学生在真实的工作环境中学习，使学生的理论知识与相应的工作岗位技能无缝对接，培养适应要求的高素质技能型人才。

"校中厂"实训基地建立原则包括：共建、共管、共享、共赢原则，通过优势互补，深入、持续、健康合作；服务教学原则，"校中厂"实训基地应积极开展实践教学、科学研究、中间试验，逐步成为技术密集、效益较高的"校中厂"实训基地；统一管理原则，校企双方的利益与责任必须高度统一：统一领导、统一管理、统一规划、统一考评；校企互动原则，"校中厂"实训基地为学校师生提供现场教学和生存实践的平台，学校为企业一线技术人员提供更系统、更安全的理论知识，学校聘请企业一线技术人员作为学校兼职教师，通过校企互动，学校师生提高实践技能，企业技术人员增长理论知识，实现理论与实践互补。

（二）"校中厂"实训基地主要任务

第一，参与所在教学单位人才培养方案制定，并提出合理化建议，根据人才培养方案和教学要求，承担实习、实训、科研等任务，不断提高教学质量。

第二，"校中厂"实训基地应积极为学生提供专业对口的实践操作岗位，满足相关专业的实践教学和科研任务，加强自身建设，增强服务社会能力。

第三，在完成教学、科研任务的前提下，为企业员工、学校教师提供培训，组织学生考证培训、职业技能鉴定，不断提高社会效益和经济效益，实现校企合作共赢。

第四，运用新技术、新材料、新工艺进行产品的研发和实验。

（三）"校中厂"实训基地资产管理

"校中厂"资产采购程序参照《校内实践教学条件建设与运行管理程序》执行，该资产列入学校固定资产，作为校产的一部分来管理。"厂中校"资产采购，由企业负责或双方另行协商处理，该资产不列入学校固定资产管理，由企业单列"校企合作资产"来管理。"校中厂"资产主要按照文件的以下条款进行管理：

"校中厂"固定资产日常维护由使用单位负责，大修和改造项目由使用单位提出，相关上级部门批准，由资产管理部门组织实施。"厂中校"固定资产的维护由企业负责，设备改造项目，双方另行协商处理。

校企合作项目资产校内迁移，到学校资产管理部门登记，同时相应变更资产管理台账，做到账、卡、物相符。校企合作项目资产校外迁移，原则上不允许，如确实需要，应按照设备变更，办理相关设备迁出手续，如长期迁出，应及时注销。

"校中厂"资产报废参照校产报废的相关规定和程序执行，报送合作企业备案。"厂中校"资产报废参照企业资产报废程序执行，报送学校备案。

（四）"校中厂"实训基地创办、变动和终止

第一，"校中厂"实训基地的创办必须在保证相关教学单位的实践教学和科研工作的前提下进行，必须有助于促进师资队伍建设和专业建设，推动产学研工作的健康开展。

第二，"校中厂"实训基地必须合法经营，具有独立财务机构，学校不干涉"校中厂"实训基地合法经营活动。

第三，"校中厂"实训地运行如需要使用学校现有设施、设备、场地等资源，需签订相关租用合同（协议）。"校中厂"实训基地的工作人员由"校中厂"实训基地法人代表以合同的形式聘任，学校不委派工作人员。

第四，"校中厂"实训基地的创办必须遵守国家及地方的有关法律、法规，符合安全生产要求，不存在环境隐患，按照学校相关规定合法经营。"校中厂"实训基地申办部门需先向学校提交申请报告、可行性分析报告和企业章程等有关资料，由学校组织专家进行可行性研究，经学校党政联合会讨论批准后，方可建立。

第五，"校中厂"实训基地申办人可以是学校教职工也可以是校外人员，但按照教育部《关于加强高等学校反腐倡廉建设的意见》精神，学校干部不得作为法人投资或经营"校中厂"实训基地，也不得以任何形式从"校中厂"领取报酬。

第六，"校中厂"实训基地运行中出现下列情况，学校有权终止合同和协议：合同或协议期满；有违法违纪行为；侵犯学校权益，干扰学校正

常工作，给学校造成不良影响或经济损失；管理不善，亏损严重或因其他原因难以续办；拒绝与学校签订合同或协议，拒绝或不能按时向学校上交应缴费用；不能满足学校教学科研等需要。

（五）"校中厂"实训基地绩效考核

为了推动"校中厂"实训基地健康发展，保证"校中厂"实训基地运行质量，学校每年按照《合作协议书》和"校中厂"实训基地考核标准对"校中厂"实训基地进行考核。考核结果作为"校中厂"实训基地是否继续运营的依据，也作为是否与原协议人续签的依据。"校中厂"实训基地考核标准如下：

第一，人才培养。按合作协议提供足够的学生实习实训岗位；产教深度融合，落实"两对接"（课程内容与职业标准、教学过程与生产过程）。

第二，双师双向。专任教师与企业技术人员对接与互通，打造双师结构教学团队。

第三，教科研。构建校企教学研究团队和技术创新团队，共同开发和实施工学结合课程、共同开展技术研发。

第四，缴纳费用。根据合作协议向学校按时缴纳有关费用。

第五，合法经营。生产经营符合相关法律和学校规章制度。

第六，安全生产。符合安全生产要求；杜绝生产安全隐患。

第七，现场管理。5S现场管理；职业氛围营造。

二、校外实践教学基地

学校与理事会内外企业建立多个校外实习（就业）基地，为学生顶岗实习和优质就业奠定了基础。

校企深度融合，共建"厂中校"。由企业提供实训场地、管理人员和实训条件，按照符合企业生产要求建设生产性实训基地，将校内实训室建在企业，使单纯的实训室转变成生产车间。"厂中校"以企业为管理主体，将其纳入企业的生产、经营和管理计划当中，由企业和学校共同设计学生的实训课程，学生集中到生产性实训基地顶岗实习、实训和生产。教师和企业师傅共同承担教学任务，实现学生的专业能力与企业岗位职业能力相对接、实习实训环境与企业生产环境相一致。

第四节　共建校企双向服务机制

校企共同修订完善《校企合作实施办法》《科技特派员工做管理程序》等文件，利用学校的人力资源优势和先进的实验实训设备，与企业共同创立集科研、生产、应用和高级技术技能人才培养于一体的运作体系，形成校企双赢局面，建立校企双向服务机制，达到合作发展的目的。

一、校企双向服务内容

依托校企合作办学理事会，充分发挥高校为地方经济社会发展服务的职能，依托企业行业优势，充分利用教学资源，建立紧密结合、优势互补、共同发展的双向服务机制。

专业课程建设和资源建设。校企双方根据市场人才需求情况，共同开发专业核心课程，建立突出能力培养的课程标准。企业提供相关休闲体育资格标准、行业技术标准、相关岗位知识与技能要求等资料，利用自身的各种素材，不断丰富校方的教学资源库，包括重大项目可对外披露的设计文档、流程图、视频资料等。

"订单"式人才培养。招生前与企业签订联合办学协议，进行"订单"式人才培养模式。校企双方共同制订人才培养方案、课程标准、学生的基础理论课，专业课由学校负责完成，学生的生产实习、顶岗实习在企业完成，毕业后即参加工作实现就业，达到企业人才需求目标。具体设有定向委培班、企业冠名班、企业订单班等。

科技开发合作。双方合作进行各种类型、各个层次的科技项目研究开发，校企联合参与行业活动，双方利用各自优势资源，在符合地方经济特色的各种行业项目中进行深层次合作，争取地方政府支持，共同研究，共同开发，共同实施，促进地方经济发展。

合作构建"双师结构"教学团队。聘请行业企业专家和专业技术人员、高技能人才担任兼职教师，承担实习实训技能等教学任务，为教师举办新技术、新设备、新工艺、新材料内容的培训班及讲座，有计划安排专业教师下企业实践锻炼。

共建实践基地。学校引进企业建设"校中厂"，借助企业生产环境和技术指导，组织专业实习，使学生提前接触生产过程，在实践中学习和掌握专业知识和技能。学校根据专业设置和实习需求，本着"优势互补，互惠互利"的原则选择适合企业建立"厂中校"，作为师生接触社会、了解企业的重要阵地，实现"走岗认识实习、贴岗专业实习、顶岗生产实习"，利用企业的条件培养学生素质、实践能力和创新精神，增加专业教师实践机会，提高实践教学能力。

交流与培训。企业派出技术专家为校方承担部分相关课程教学任务，聘请校方优秀教师作为企业特聘专家。校企双方每学期进行1—2次的教学探讨。校方与企业共同组织或参加同行业教学研讨、学习观摩等活动，企业定期向校方提供专项知识讲座，服务师生。

二、校企双向服务工作机制

学校校企合作办公室（设在科研处）是负责学校校企合作工作的常设机构，统一组织、协调校企合作双向服务的各项工作，实施归口管理。其主要职责是：

负责学校校企双向服务工作的统筹规划，建立健全校企双向服务的各项管理制度，完善运行与管理体系；加强学校与相关政府部门、行业组织、企事业单位的联系，拓宽校企合作的渠道与途径，推进校企双向服务项目向深度和广度发展；负责指导各二级学院校企服务合作开发项目的立项申报与建设工作；对跨专业、跨院部、跨领域的校企合作服务项目加强协调和管理；负责校企合作横向科研项目的推进，促进科技创新平台建设，校企共同开展科技研发，引导专业教师积极为企业提供技术服务，提高学校社会服务能力。

各二级学院校企合作委员会是校企合作工作的主体，是具体实施单位，要将校企合作与专业建设、就业创业工作等有机统一，积极谋划和推进本院校企合作工作，负责校企合作的日常管理。其主要职责是：制订二级学院校企双向服务年度工作计划，组织各专业研究室制订适合专业特点的校企合作方案，积极探索订单培养，以及企业、二级学院等校企深度合作模式；充分利用各种社会资源，积极联系合作单位，引进合作项目，并组织做好项目的申报立项工作以及校外实践基地共建工作，能充分满足学生校外实习和顶岗实习的需要；校企合作建设"双师结构"教学团队工作；联合企业组织举办或参与各级各类休闲体育活动。

组织人事处、教务处、学工处、财务处、资产后勤处、继续教育学院等部门应在各自职责范围内负责校企合作双向服务的有关工作，形成齐抓共管的良好局面。具体包括：学工处主要负责学生顶岗期间的思想政治教育和安全管理工作，为学生就业创业搭建良好的平台。教务处主要负责校企实践基地共建的管理、学生顶岗实习教学管理、专业建设指导委员会的建立与管理、校企合作课程开发等工作。组织人事处负责"双师素质"教师与"双师结构"教学团队建设等工作。聘请行业企业专家和专业技术人员、高技能人才担任兼职教师，承担实习实训技能等教学任务，为教师举办培训班和讲座，有计划安排专业教师到合作单位实践锻炼。财务处主要负责核算校企合作服务项目运行成本，审查校企合作项目运行收入分配方式的合理性及财务管理。资产后勤处主要负责校企合作校内工作场地、设备的管理与监督使用及项目终止时固定资产（包括捐赠仪器设备）的清理与回收，积极为校企合作提供相关支持与服务。继续教育学院主要负责为合作企业职工提供继续教育与培训服务等工作。

三、科技特派员机制

学校立足产业发展需要，实施科技特派员机制。这是高校校企合作主要形式，也是学校主动服务社会的举措之一。目的是引导广大教师深入企业（单位）、行业协会、工业园区等，积极开展社会服务活动，增强教师社会服务能力。拓展校企合作空间，规范管理，推动学校校企合作办学工作，建立高校技术人才服务地方、服务企业的长效机制。

学校选拔具有扎实的相关技术领域专业知识、较强的社会服务能力、组织协调能力和工作责任心的教师，派驻到工业园区、专业村镇、行业协会等，开展校企合作、人才培养、调研和联络工作。

（一）特派员选派原则

按需选派原则。根据地方经济发展规划、区域经济发展要求和人才需要，选派专业对口、具备较强科技与社会服务能力的骨干教师担任科技特派员工作。

任务明确原则。特派员派驻期间，有明确的工作任务和阶段性成果目标。

绩效考核原则。特派员派驻期间的工作成效与教工年度绩效挂钩。特派员派驻期满后，应进行绩效考核，综合考查特派员工作成效，主要包括：特派员派驻期间工作任务完成情况、预期目标达成情况。考核目标写入年度个人岗位职责（任务书），考核结果计入年度工作量，作为年度绩效考核的依据。

（二）特派员应具备的条件

特派员特指立足相关产业发展需要，从高校全体在岗教师中选拔，派驻到相关企业内的工业园区、专业村镇、行业协会等，开展校企合作、人才培养、调研和联络工作的人员，需符合以下基本条件：

第一，高校在岗人员。

第二，具有中级（含中级）以上专业技术职称。

第三，具有扎实的相关技术领域专业知识，较强的社会服务能力、组织协调能力和工作责任心。

（三）派驻单位应具备的条件

第一，具有相当数量会员单位的学会、协会；或具有相当规模的园区管委会；或政府部门认定的专业村镇。

第二，有人才培养、员工培训、技术攻关等方面的需求。

第三，认可校企合作办学工作理念，能积极配合科技特派员开展工作。

（四）特派员工作任务

1. 调研工作

深入一线，了解企业（单位）生产经营状况，考查企业（单位）技术和人才需求，收集企业产品信息与技术资料，分析、研究企业所在行业发展状况，为学校制订相关专业人才培养计划提供一手资料。

根据技术和行业发展趋势，特派员要在充分摸清企业（单位）技术需求基础上，收集新工艺、新技术、新产品信息以及国内外市场动态信息，了解相关技术领域的发展态势和资源布局，分析和研究有待攻克的关键技术和共性技术难题，协助企业制定技术发展战略，推荐高校有关专业教师与企业协同攻关。

2. 校企合作平台建设

构建校企合作长效运行机制。校企合作是我国高职教育的发展方向和前景所在，因此，特派员要根据学校专业特点，结合实际情况，充分发挥桥梁和纽带作用，根据企业（单位、园区）技术需求和发展战略，努力促成企业（单位）与学校的有效对接，提出机制建设内容需求、合理建议与方案，建立产学研合作的长效机制。

利用校企合作平台，联合培养人才。通过推动校企共建联合研发平台、实训基地、订单培养等形式，共建教师研发中心、学生生产实习基地、工厂人才培养基地，为企业培养技术人才，为学校提供学生实训场所。充分利用各种校企合作平台，促进学校、企业、工商联、行业协会、工业园区等多方联合，促成建立"整建制"实习基地和行业、企业员工培训基地，推进跨学校跨专业的"整建制"学生实习、就业和校企合作行业、企业员工短期培训。

3. 建设校企（单位）合作创新平台，提升企业自主创新能力

帮助企业建设或共建研发机构、工程（技术）研究中心、检测服务中心、产学研结合示范基地等研发平台和产业化基地，推荐学校专业教师与企业合作申报各类各级科技项目，争取国家财政资金支持。根据行业（工商联、行业协会）和区域（工业园区）企业的需求，负责协调校内资源，组建跨学院跨专业科技服务教师团队，通过联络和纽带作用，促成校企合作技术攻关项目，解决企业（行业）技术难题。

（五）特派员工作考核

特派员工做考核，每学年开展一次，在全校年度绩效考核时段进行，分特派员自评、管理部门审核和网上公示三个阶段。特派员考核等级分优秀、良好、合格和不合格四个等级。考核成绩低于60分为不合格，60—79分为合格，80—89分为良好，90分以上为优秀，考核不合格者取消下一年

度特派员推荐资格；等级绩效按当年学校绩效考核办法执行；对考核成绩优秀、表现突出的特派员，学校将授予"年度优秀特派员"称号和给予适当的物质奖励；学校对连续做出突出贡献的特派员，在技术职务晋升时给予优先考虑。

（六）经费来源与管理

特派员工作经费纳入学校预算，归口科研处管理。科技特派员工作专项经费主要用于特派员进驻企业（单位）的差旅费、会务费。差旅费主要包括：特派员进驻企业交通、住宿、伙食补助等；会务包括：邀请企业（单位）代表来校参观、学术研讨等的费用。特派员进驻企业（单位）差旅费，由特派员提交工作台账到科研处，经科研处审核后，按正常出差报销程序办理，各项开支标准按学校统一规定执行。

四、组建协同创新中心、协同育人中心

以地方政府为主导，以切实服务地方经济和社会发展为宗旨，推动学校与地方企业或产业化基地的深度融合，形成"多元、融合、动态、持续"的协同创新模式与机制。

学校高度重视、大力支持协同创新中心、协同育人平台的培育建设工作，从经费、人员、场所等方面进行专项投入。

第五节　校企合作就业机制

休闲体育教育是面向人的教育，其以服务为宗旨、以就业为导向的办学方针，要求高校在办学过程中必须将学生的就业工作摆在重要位置。校企间开展的合作就业既是实现校企互利双赢深度融合的重要内容和标志之一，更是实现休闲体育教育与企业可持续发展的重要途径。

一、就业工作机制

学校认真落实就业工作重心下放、就业工作前移的校院二级责任制，狠抓一把手工程，各学院院长为本院就业工作第一责任人，带领毕业生就业工作领导小组，统筹领导毕业生就业工作。每年学校与各学院签订毕业生就业工作责任书，明确校、院两级工作职责，加强目标管理。

行业为学校提供休闲体育岗位从业标准，参与专业建设、课程开发和人才培养方案制定，提供交流平台，开展课题立项及研发，利用行业资源，在校企之间牵线搭桥；企业提供生产标准，参与人才培养方案的制定，参与课程开发，安排学生顶岗实习，提供就业岗位，反馈毕业生信息，积极与学校开展合作育人、合作办学，提升学生就业能力和就业质量；通过工学结合和订单培养等校企合作方式，加强学生职业道德和职业素养教育，强化学生实训管理，保证顶岗实习效果，提高学生留用率和就业适应能力。

强化职业生涯规划和就业指导课的师资队伍以及学生就业服务指导中心建设，提供就业信息，开展就业咨询；加大学生就业奖励基金和创业基金额度，扩建学生创业园，搭建创业平台，开展创业教育，提升学生的创业能力；建立毕业生跟踪调查制度，及时调整培养方向，适应企业要求。

二、就业反馈机制

学校做好就业意向及需求市场分析工作。高校对毕业生进行择业意向调查，对用人单位的用人取向和用人变化进行调查，并对各专业毕业生进行了部分回访，收集用人单位对录用毕业生的满意度反馈意见，有针对性地开展就业宣传和就业指导，较好地服务于学生就业。学校还对往届毕业生进行就业质量跟踪调查，发放《毕业生就业状况调查表》《用人单位对毕业生就业质量评价表》，进行毕业生跟踪调查工作，完成就业质量年度报告，依时上传省教育厅就业指导中心。

三、就业保障措施

（一）机构到位

学院成立专司毕业生就业工作的指导服务机构——就业指导中心，各二级学院也设立毕业生就业工作领导小组，二级学院院长为学院就业工作第一责任人，专职副书记负责落实具体的就业工作，由此形成了由学校领导、就业中心、二级学院院长、专职副书记与辅导员(班主任)以及教师组成的"五级"学生就业工作体系。

（二）经费到位

学校根据每年的毕业生人数，严格按毕业生总人数的三年全部学费的2%下拨到就业中心和各二级学院为就业专项经费，相关部门严格按照《就业经费管理办法》使用，为就业工作的顺利开展提供坚实的经济基础和制度保障，确保经费到位和使用规范。

（三）场地到位

学校不断加大硬件投入，为就业指导中心提供独立办公场馆，内设接待处、办公室、就业指导教研室、职业测评室、报告厅、咨询室、面试室，配置电脑、数码相机、复印机、扫描仪、激光打印机、传真机、电话等设备，保证学校能正常快速开展就业指导服务工作。

第六节 校企合作激励机制

学校秉承"厚德强技、服务地方"的办学理念,历来高度重视校企合作,出台系列政策,鼓励教师在技术应用、技术服务、员工培训等方面发挥社会服务功能。

一、校企合作激励制度

为进一步激励校企合作双方开展校企合作工作的积极性,提高科技创新能力,促进校企合作工作快速持续发展,学校出台了系列制度文件。

(一)校企合作工作奖励

学校对校企合作工作做出突出贡献的校企双方的单位和个人进行表彰和奖励。奖励范围与时限:每学年评选"校企合作工作先进单位"和"校企合作工作先进个人"一次,每次评出"校企合作工作先进单位"2—3个,"校企合作工作先进个人"5—10人;校企合作办学理事会向"校企合作办学先进单位"颁发牌匾,向"校企合作工作先进个人"颁发荣誉证书并给予500—1000元奖励;对重大合作项目的表彰和奖励,经校企合作办公室认定后,报校企合作办学常务理事会根据实际情况另做决定。

在学年内参与校企合作办学的企事业单位、行业协会中,做出较突出贡献、取得较大成绩,具备下列条件之一者可以参评校企合作先进企业:长期关注学校发展,主动协调行业企业积极参与,提供政策、资源或资金支持的企事业单位、行业协会;积极主动向学校捐赠奖学奖教、帮困助学、科技研发、创新创业等,所提供资金额度较大并且效果显著的企业;一次性向学校捐赠与现行技术相匹配、可用于学生实习实训;由企业投资在学校建立生产设备、生产线等且运行正常的合作单位;实习生吃住条件较好,能为实习学生购买保险，综合性实习岗位多，学生实习效果好、满意度高的合作单位。

在学年内校企合作办学工作突出，校企合作委员会和专业建设指导委员会工作会议能定期召开，兼职教师管理规范、档案健全、比例达标、效果良好，有年度工作计划和工作总结，工作计划组织实施到位，成效显著，并具备以下任意三个条件的二级学院可以参评校企合作先进二级学院：积极为学校产学结合、校企合作办学引进捐赠资金或设备；每个专业建立有稳定的校外实习基地（有校企合作协议），对实习基地的管理措施到位（实习大纲，校企双方人员安排），能够为学生提供足够的工学交替或顶岗实习的岗位；每年安排一定数量的教师到企事业单位进行挂职锻炼，并聘请一定数量企业技术人员为兼职教师；科技开发和培训工作开展得好，有基于校企合作开发项目的课程（课程标准、讲义、实施计划、效果评价等）；校企合作工作制度健全，学生实习管理规范，档案资料齐全，整建制实习比例高，实习效果好。

（二）科技特派员管理程序

学校鼓励引导广大教师深入企业（单位）、行业协会、工业园区等，开展人才培养、员工培训、技术攻关、联络调研等社会服务活动，拓展校企合作空间，推动学校校企合作办学工作。《科技特派员管理程序》对教师开展校企合作工作的工作任务、经费保障、考核奖励等方面进行了明确规定。文件中提到，科技特派员工作经费纳入学校年初预算，专项用于科技特派员进驻、往返企业（单位）所产生的交通、住宿、伙食、会务等费用支出。这为教师开展校企合作工作提供了经费保障。

（三）科研成果管理与奖励

学校对成果转化与应用给予奖励。学校拥有自主知识产权的科研成果，以技术转让或者许可方式转化职务科技成果的，从技术转让或者许可所取得的净收入中提取 60% 的比例用于奖励主要贡献人员。

学校拥有自主知识产权的科研成果，以科技成果作价投资实施转化的，从作价投资取得的股份或者出资比例中提取 60% 的比例用于奖励主要贡献人员。

（四）科研体制机制改革

建设"校企合作综合管理平台"，完善校企合作科技攻关、技术咨询与服务、成果转让与推广、联合申报科技项目等校企产学研合作工作程序，规范科技人员创新、创业活动。

逐步开放学校实验仪器设备。学校重大仪器设备实行对内开放登记、对外开放有偿服务制度。鼓励专业教师下企业锻炼、兼职，指导企业开展技术工作，承接企业科技攻关项目，承担校企合作联络员、调研员、宣传员、资料收集员工作。下企业期间，相应减免教学工作量。

鼓励专业教师从事科研与技术开发工作，出台相应的政策，允许教师根据实际情况申请"专职科研人员"，完善专职科研人员的绩效考核制度，充分调动专职科研人员的积极性。鼓励专业教师以各种方式，参加符合学校发展要求、与自身专业对应的国际、国内学术交流与合作。相关费用，通过相应程序进行申请，由专项经费列支。

编设专项经费，加大力度扶持和培育专利技术创新成果，出台相关政策，大力推广与应用专利成果。完善访问学者制度，定期派出专业骨干教师和科技人员到国外（境外）同行高校和机构取经学习。

二、人事管理与分配制度

大力推进校内人事管理与分配制度改革，坚持分配向教育教学一线的教师倾斜，确保教学一线人员人均绩效津贴标准比行政教辅部门的人均绩效津贴高 5%。

完善公平、竞争、高效的校企合作激励机制。修订完善《关于深化绩效管理改革的实施方案》，进一步深化校院二级管理，扩大院部在教师引进、教师聘请、教师课酬、技术开发经费支配等方面的自主权，实现重心下移；从社会效益和经济效益等角度制定教师参与校企合作与技术服务的核算标准，将其作为教师应完成的标准工作量的组成部分之一，纳入薪酬体系；将教师参与校企合作情况计入教师业绩考核范围，作为职称评定和年度考核的重要指标。

第七节 人才培养质量评价机制

学校始终以保证教学质量为教学工作的核心，在教学质量标准建设，教学质量管理、评价、监控等制度建设方面不断完善，贯彻落实，确保教学质量管理与监控体系有效运行。

一、质量标准建设

各专业根据高职教育的理念和特点，在专业建设、课程建设、实践教学、毕业环节等方面制定了严格的质量标准。这些质量标准主要包括：专业标准、课程标准、实习实训大纲、毕业设计（论文）指导书、考核大纲等。针对每项质量标准，学校还制定了具体的管理办法和工作规范，如：《专业标准制定指南》《课程建设管理实施办法》《课程标准编写规则》《实习教学实施办法》《毕业论文（设计）实施办法》《实习实训指导书编写指导意见》等，为确保教学质量奠定了良好的基础。

二、管理程序建设

在教学管理方面，学校针对教学工作各个环节，研究确定教学质量监控点，以过程管理的理念，制定各质量监控点的监控方法，形成了以过程管理为核心内容的教学工作管理体制。制定了职责分明、工作流程清晰、过程记录充分，操作性强的管理程序文件，做到教学工作凡事有人负责，凡事有章可循，凡事有案可查。有效地规范了教学及管理人员在教学活动中的行为，确保了各项质量标准在教学活动中得以执行和落实。

三、教学质量监控体系建设

在办学实践中，学校根据自身条件和特点，建立了校、院二级督导工作机制，实施多种方式并行的教学质量监控体系。

教务处、督导处对教学过程实行动态管理，建立了期初、期中、期末教学检查制度。同时有计划、有针对性地对教学管理的各个环节进行质量审核，确保教学活动及其质量处于常态监控之下，使教学过程管理体系预防、纠偏和持续改进的功能得到充分发挥。

学校建立了校、院二级专、兼职督导队伍，按专责、专职负责对教师进行听课和导课，同时强化二级学院督导组的职能，逐步扩大了二级学院督导组教学质量管理和监控的范围，督导员除了参加日常听课评课、职教能力测评指导等工作外，全面参与本学院考试巡考、试卷抽查、教学检查工作；对学院督导工作提出建议；参与教师教学质量评定投票；并以个别访问、问卷调查等多种形式检查和了解学生校外实习情况，对学院学习工作的管理、校企合作项目的开展和校外基地建设提出建议等。在学校层面，创新督导工作思路和方法，建立了督导员约谈制度，该制度是动态掌握二级督导员的工作状态、教师的教学动态以及教学活动中存在问题的有效方法，通过与督导员深入的交流，掌握动态、发现问题、研究解决方法，对有效地促进教师教学质量的提升起到了非常好的作用。

制定《学生信息员工作管理程序》文件，建立教学质量的学生信息反馈制度。有序开展学生信息员遴选、业务培训、信息表统计和筛选、教学问题反馈和通报等方面的工作。形成了课堂教学质量闭环管理的运行机制。各教学部门能够及时地了解掌握教师课堂教学状况，有针对性地处理各类教学问题，为学校的教学质量建设提供了保障。

校、院领导深入教学第一线，每学期都制订对教师的听课评课计划并严格执行，及时了解和掌握教学状况，使教学工作中出现的问题能够及时得到处理和解决。要求教学部门举办"公开课、观摩课、示范课"系列集体听课活动，形成了专业公开课、院级观摩课、校级示范课的阶梯式的教师集体听课、集体研讨的模式。督导处较好地起到了督促、参与、引导的作用。这种新的听课评课模式使教师学习和评议活动从专业范围扩大到学院范围，甚至学校范围。系列教学听评研讨活动为教师提供了充分交流教学经验、相互学习的机会，营造了良好的教研教改的学术氛围。

四、课堂教学质量评价

学校重视课堂教学质量的评价工作。将对教师的评价结果纳入教师绩效考核指标中，对教学质量的评价指标不断进行调整，使之更趋合理、公平和人性化。对提高教师教学水平和质量起到了很好的促进作用。

五、第三方质量评价

针对发现的问题和诊断意见，制定整改方案，采取有力措施落实整改；分年度撰写学校质量报告，形成针对第三方评价和诊断意见的及时响应、整改机制。

六、质量评价与监控手段创新

学校重视教学质量评价与监控手段的创新。学校投入资金开展"基于广域互联网和移动互联网的教学质量监控与评价系统"的项目研发，搭建了师生互动的新平台，该系统投入使用，用户界面简单易用，包含"我的课程""调查问卷""课程核对""留言管理""反馈管理""课程分类""质量指标""教学评价""实时监控""数据分析"等多项功能栏目，师生交流更直接更及时。目前系统运行情况良好，顺利完成学生网上评教工作，学生给教师的留言和建议得以快速反馈，网络交流替代学生信息员人工记录，解决了教学状态实时监控的难题。

第八章 休闲体育教育校企合作的管理工作

第一节 休闲体育教育校企合作的教师培养

一、当代休闲体育教育教师应具备的素质

随着休闲体育教育的发展和变革,休闲体育教育教师队伍结构也发生了变化,无论是高校专职教师还是企业兼职教师不仅需要具备一般的教育素质,还需要具备休闲体育行业的职业素质。

(一)教师应具备的教育素质

教师是履行教育、教学职责的专职人员。履行教育、教学职责,教师要具备优良的综合素质才能胜任。

首先,教师应具备良好的职业道德和身心素质,热爱教育事业,带着丰富的情感和坚强的意志奉献于教育事业,这是教师从事教学工作应遵循的道德规范,是教师从业需要具备的职业素养。

其次,教师应具备精深的专业知识和全面的科学文化知识,精通专业基础知识和专业知识,掌握专业前沿知识,对思想政治知识和基础自然科学知识有基本认知,这是教师完成教育工作的基本条件。

再次,教师应具备深厚的教育理论知识,较强的教学教育能力,能够进行较好的教学设计、对教学过程有娴熟的调控能力、组织协调能力,与

学生良好的沟通能力和处理突发事件的应急能力，这是教师保证教育质量的必要条件。

最后，教师应具备创新能力，善于接受新信息、新知识，分析新情况、新现象，解决新问题，不断更新自身的知识体系和能力结构，以适应外界环境变化和主题发展的需求，这是培养具有创新能力学生的必要条件。

（二）休闲体育教育教师应具备的特殊素质

休闲体育教育的目标是培养社会需要的具有一定专业技能的应用型人才，这就对休闲体育教师提出了特殊的素质要求。

首先，休闲体育教育教师要有丰富的实践经验，较强的动手能力，熟练的专业技能，想培养出应用型人才，教师就必须首先是应用型精英。

其次，休闲体育教育教师还要具备专业教学任务转移的适应能力和休闲体育课程开发能力。高职教育与产业发展关系密切，产业结构调整和人才需求变化决定了高职教育的专业教育内容与专业设置经常处于变化之中，这就要求休闲体育教育教师不断地接受新的教学任务和教学工作，对其适应性提出了较高的要求；另外，社会休闲体育职业结构的动态调整和重组，对特定休闲体育人才定制培养，需要进行休闲体育课程的定制，而在应用范围较广的教材不能满足高针对性需要时就需要休闲体育教育教师自主开发休闲体育课程。

最后，休闲体育教育教师要有一定的社会活动能力、技术推广能力、就业指导能力和创业教育能力，能够做好学生的职业准备，乃至服务于社会的职工转岗分流和下岗职工再就业。

二、积极发展学校专职教师的教学技能

（一）校企合作对高校教师发展的作用

1. 有利于教师认识和改变发展环境

教师在追求发展的过程中需要一定的空间环境，同时，教师要不断自觉努力地拓展出更大可能的空间，这样才有利于生存和发展。教师提升发展的自觉性，其目的是使每个教师都意识到自己能成为自身职业生涯的主人，只要努力实现自我更新，就能胜任当代教师的职责，并在成就学生的同时提升自己的生命质量，活出特有的职业尊严和精神愉悦。

校企合作打破了原有的教学模式，教师认识到自己的教学生存环境发生了改变，这种"生存危机"使教师不得不改变现有状态，新的教学模式应运而生，教师不再局限于理论上的教学，而是利用更多的实践习得来支撑整个教学活动，来满足学生就业的要求。唯有认识到这些，教师才会产生投入教育变革的自觉，进而意识到这一变革的实现通过改变才能实现。未来高校的教师必须学习和掌握他们工作相关的学科理论与行业实践技能，把未来高校专业教师定位为具有较高的科学文化水平和具有教育理论知识、技能与态度，作为能否胜任教育教学工作的基本要求或条件。现代专业教师必须既是教育学者又是行业专家，两者缺一不可。

2. 有利于教师教学、研究能力的提升

休闲体育教育要求教师具有将过去熟悉的"系统理论知识"改造成"系统的应用知识"的能力；要把行业、休闲体育职业知识及实践能力融入教育教学过程的能力。学校从校内封闭教学到开放式的工学结合教学已经成为休闲体育教育发展的主流，传统的以讲授为主的教学方法已不适应学生技能学习的需求。随着大众传媒和信息化发展，以及学生获取

知识渠道的拓展，教师应不断拓宽知识面以满足学生的需求。校企合作下教师已不仅仅是教给学生课本上的知识，更需要给予学生必备的实践经验。教师在与企业的合作中了解到企业对学校教育教学中的知识、技能、思想品德等方面的要求，从而改进教育教学方法，不断提高教育教学水平。

教师的研究意识、研究能力是教师发展的重要内容和支撑。高校的教师，不能仅限于完成教学工作，还应该结合教学实践，开展科技研究与成果开发。与普通教育教师偏重于理论研究不同，高校教师偏重于应用方法的研究和高新技术的开发与推广。高校教师结合实训教学中发现的问题，确定研发项目，在研发过程中提高教师的实践教学能力和学生的动手能力；同时，在加强与企业的合作中，教师要立足实习基地，加大应用性研究，有针对性地开展面向社会、企业的应用技术研究与新产品、新工艺开发等，促进科技成果迅速转化为现实生产力，实现校企双赢。开展教育科研，提高教师创新能力科研过程，是教师重新学习的过程，是使教师知识不断更新、知识结构不断改善并趋向合理的过程。

3. 有利于教师专业技能、实践能力的提高

随着社会对高技能人才的需求，休闲体育教育得到快速发展，而休闲体育教育要取得高质量的成果关键在于教师。休闲体育教育对教师的专业技能、实践能力提出了很高的要求，尤其是在相关行业、专业的从业素质和经验方面，而这方面的素质和经验都不可能通过教师教育在学校内获得，但校企合作可以解决这一难题。

校企合作使得高校的教师也有机会进入生产第一线，接触先进设备，提高自己的生产技能，巩固自己的理论知识，而不是仅限于书本，脱离生产实践做"填鸭式"的教学，这也为高职教师成为"双师型"教师创造了有利条件，是对高职教师在岗培训缺乏的有效补偿方式。

4. 有利于教师与企业合作能力的培养

合作能力指为了达到某种目的（个人的或共同的），运用自己的长处为他人服务并利用他人的知识和经验弥补自己不足，以形成更大的力量使得双方都能获得利益的能力。当前，教育十分强调团队精神，这便要求教师自身要具有这一品质，学会与人合作是教师休闲体育职业能力重要一环。合作能力最重要的就是处理好合作者之间的关系，合作最需要的是宽容、同心协力、求同存异，缺少这样的和谐，合作就不可能形成合力，合作事项就不可能取得成功。在校企合作中，行业企业积极参与到教育教学中，与学校共同进行教学质量评价、共建实训基地、共同培养"双师型"教师以及共同开展项目研发等。因此，学校与企业要有"合作教育"观念，互相信任，互相合作，使学校的专业设置与企业有机发展相适应，使学生的素质与企业的需求相适应。如果离开了这种互助合作交流，新的知识就不会得到实践检验，一些综合的、前沿的、新潮的知识更不会被同化在教师知识体系中，教师也不会习得他人亲历实践所总结的宝贵经验，那么成长和发展的速率就会减慢，创新更是无从谈起。教师与企业专家的交流与合作是提高教师专业能力的重要途径，缺乏交流与合作会导致教师专业的孤立，发展停滞。

5. 有利于教师改变教学观念和育人模式

休闲体育教育与市场需求密不可分，课程体系针对性和实用性强。这种以市场为导向的办学理念对传统的教师教育办学理念、育人模式提出了极大的挑战，要求教育办学理念进一步更新，迫使教师与社会需求联系得更紧，育人模式更开放、更灵活。

休闲体育教育强调以学生的动手能力为中心，这要求教师要不断转变教育思想，更新知识结构。教师不仅拥有精深的学科理论知识，还应该有熟练的操作技能，以加快自己职业化成长的速度。要将新观念、新理论、新知识、新方法运用到自己的工作实践中，并发挥积极的作用，成为教育教学创新力，就必须理论联系实际，不断反思自己的教育实践，总结经验，从理论到实践，从实践到理论，再到实践，从而形成自己的教育思想、教育理论。

6.有利于教师不断深化课程建设和课程改革

意味着教师在课程与教学改革过程中的主体意识和教学研究意识应有所加强。课程开发是教师教学生活的一项重要工作。校企合作下的课程应该是教师与企业专家联合创造的教育与实践经验，课程实施本质上是在具体教育情境中创建新的教育经验的过程。

教师素质的高低会影响学校教育课程改革的能力和步伐，提高教师的课程意识和参与课程的能力，才能从根本上保证高校教育课程改革的顺利进行。校企合作很大程度上要根据企业要求设定专业和课程，合作企业的变更、发展等外在因素的变化，都将导致学校专业及课程设置的对应调整，这会导致专业和课程稳定性相对较弱，不利于专业建设的稳步发展。作为课程开发的教师和行业专家应密切联系所在学校和企业的实际状况，以学校的办学理念为前提，开发出彰显高校特色的课程。在专业设置上要针对行业和区域经济发展的需要，设置针对性强、具有明显职业性和区域性的专业；在人才培养上要针对休闲体育职业技术、岗位群对人才的需求，开办社会急需的新专业；在学科建设上要紧跟本行业的科技前沿动态，以社会需求量大、发展前景好、教学实力强的专业进行重点建设，以专业品牌和专业内涵来获得市场效应，提高办学效益和社会效益，增强高职教育适应经济社会发展的能力。因此，校企合作有利于学校的课程改革，有利于"双师型"教师的培养，使教师在指导学生生产的过程中，积累丰富的生产经验，这是教师发展的源泉。

（二）校企合作下专职教师培养策略

1. 组建"双师型"师资队伍

目前个别高校教师队伍专业化程度不高，专业教师队伍力量不强。专业教师虽有深厚的学科理论知识，但缺乏对行业实际工作的了解，因而缺乏行业实践经验，致使理论脱离实际的现象较严重，很难成为学科带头人。因此，强化高校"双师型"教师队伍的质量建设，已成为提升高校核心能力的首要任务。"双师型"师资建设是高校发展的关键，它直接影响高校的办学质量和高技能、应用型人才的培养。可以采取以下两种途径来推进"双师型"师资队伍建设：一是引进或聘用既有丰富实践工作经验，又有较高理论知识水平的企业或行业高级技术人员充实教师队伍或做兼职教师。二是鼓励教师向"双师型"发展。学校定期选派专业教师到企业挂职锻炼学习，使教师接触现实岗位工作环境，了解学生毕业后工作岗位的基本技能和业务要求，使培养的学生更能适应企业的要求。

2. 制订优质的校企合作课程体系

学校在制订高职人才培养方案的过程中既要遵循教育教学规律又要依据企业的需要，课程体系开发与建设是推动专业建设和提升专业教学质量的重要举措，居于核心地位。因此，学校与企业共同制订的课程体系要结合休闲体育教育的特色，开设一些实效性高、应用性强、对学生有实际指导意义的优质课程，筛选出符合学校发展、企业需求的课程内容。在校企合作开发课程的过程中，要明确各自的职责，教师是课程开发的主体和核心力量。在合作中教师和企业专家可以取长补短，如在课程开发和建设中，教师会碰到大量需要规范的内容，而教师对现实工作岗位的具体要求和行业标准知之甚少，因此，这就要求引入企业、行业界的技术力量，由企业专家为教师提供智力、技术支持。企业专家分析出来的休闲体育职业能力和休闲体育职业标准对开设的课程才具有特别指导性，开发出的课程才具有现实指导意义，培养出来的学生才能够胜任某一岗位或者相近岗位群的能力要求。优质课程建设有利于提升教师的专业水平。

3. 探寻教师发展的多种路径

每一位教师都有发展的需要，都有面临观念更新、知识更新从而跟上时代发展步伐的需求。因此，开展不同层次的培训项目，对提升教师的素质具有现实意义。校企合作教师的培养有很多种形式，如参加教育部组织的教师专业技能培训获取资格证书；制订职教教师入职标准，建立在职教师师资学位制度；注重休闲体育教育师资培养培训基地建设，让更多教师参与培训；专业教师定期到对口企业单位实习、挂职锻炼；校企双向互派学习，让教师直接深入到第一线，企业直接参与到学校办学过程中；共同参与企业研发项目，以促进教师相关专业的发展；等等。这些培训方法都能积极推进教师的培训，使教师培训走向社会化。

4. 积极推进校企间学术科研交流

休闲体育教育人才培养目标调整带来的对于科研能力的强调，迫使教师应以本专业本学科知识为主线，紧跟科技前沿动态，积极主动向相关学科知识领域深入。校企合作的开展帮助教师找到理论联系实践的结合点，更有利于教师科研项目的顺利开展，从而进一步提高教师的科研能力。同时，学校凭借人才集中、技术集中的优势，尽可能地派出教师同企业技术人员组成攻关小组，进行科技开发，共同开展项目研发。加强校企之间的学术交流与合作，能活跃学术氛围，增强科研实力。在交流研讨过程中，既解决了企业的技术难题，又能提升教师业务和科研水平。校企间的学术科研交流，也是强化教师为地方服务的功能，提高为企业服务的能力。社会服务职能是教师的人才培养职能和应用技术研究职能的合理延伸。坚持"以服务为宗旨，以就业为导向"的高职教育是与地方经济社会发展最为密切的教育。

5. 建立专门的校企教师发展组织机构

高校校企合作工作虽然取得一定的成果，但还存在着一定的问题，只停留在表面层次意义上的校企合作，并没有达到深入的校企融合的合作程度，这种合作方式还需要进一步的探索和加深，归根到底是缺乏校企合作制度的支撑。为此，应考虑要充分利用政府机构的桥梁职能。目前，国家没有建立专门的协调机构来负责设计、监督、考核和推行校企合作，使得校企合作项目难以获得企业主管单位、劳动部门、教育部门的充分协调。为了实现校企两方面达到"双赢"的目标，建立校企合作新机制，需要政府部门积极采取有效措施，让企业在确立市场需求、人才规格、知识技能结构、课程设置、教学内容和成绩评定等方面发挥相应作用。学校在关注企业需求变化的同时，应在政府相关部门的指导下进行专业方向调整以及培养规模的衡量和培养方案的制订，真正把校企合作、培养高素质技能型人才工作做好。例如，建立教师发展中心、教师企业工作站、教师国际工作站、青年教师工作室、青年教师成长学校等，搭建优质的硬件平台和软件平台保障教师发展。

三、完善校企合作下外聘兼职教师队伍

校企合作运行过程中，不仅需要专职教师，还应聘请企事业单位的专家、技术骨干、能工巧匠到学校担任兼职教师，传授实践技能和知识技术的应用，承担部分专业实训课及相关课程教学任务。

（一）外聘兼职教师的任职条件

具有良好的师德，较强的敬业精神。具有一定的教育教学经验，熟悉高等教育的教学方法。具有中级以上专业技术职称或本科以上学历，专业知识水平较高，能胜任所讲授的课程或毕业设计（论文）的指导工作。

（二）外聘兼职教师的职责

教学工作量包括上课、辅导、批改作业、出试卷、批改试卷、评定成绩、试卷材料归档等。按学校的教学计划、课程标准等教学文件进行讲义组织和教案制订，按行动导向、学生主体的要求实施教学，必须备有所教课程的教案，以保证教学质量。严格按照课程表讲课。因事因病请假，复课后必须及时补课。认真进行课程辅导，作业批改。参加所授课程试卷的出题、监考、评卷等工作。在每学期课程考试结束后，按学校要求及时录入和送交学生成绩，并按照学校对试卷相关材料的要求，提供相应的材料。参加各院（部）组织的集体教研活动，每学期参加教研活动不少于4次，并对学校的各项工作提出合理化建议，共同搞好教学活动。

（三）外聘兼职教师的管理

外聘兼职教师管理由学院（部）、教务处、督导处和组织人事处负责。各院（部）按统一的要求建立起本学院（部）外聘兼职教师档案。组织人事处汇总并建立全校外聘兼职教师档案库。各院（部）具体负责兼职教师的日常管理工作。每学期召开一次外聘兼职教师工作会议，了解外聘兼职教师的教学情况，通报学校教学信息，总结教学工作。教务处负责审核和检查兼职教师的教学工作量。兼职教师的教学质量由督导处和院（部）共同监控。督导处、各院（部）根据教学计划的要求，应不定期抽查和了解外聘兼职教师的授课情况和课程辅导、作业批改等情况，检查教学质量。对学生意见强烈、教学效果差或严重违纪的外聘兼职教师，由督导处、各院（部）研究后及时予以辞退，并由各院（部）做好后续工作。

外聘兼职教师应灵活安排教学时间，与学校教师共同开发实践教学课程内容，负责学生技能训练指导，承担实践教学任务，确保优秀兼职教师到校上课；专任教师到合作企业顶岗实践，提高教师实践能力；教师参与企业的技术革新、设备改造与新产品的研发,承担企业员工继续教育的培训工作。

第二节　休闲体育教育校企合作的学生管理

校企合作办学是休闲体育教育改革的重要方向,是大力发展休闲体育教育的必然要求,也是休闲体育教育最优的人才培养模式。校企合作的主体是学校和企业,但最终的落脚点仍然是在学生身上,开展校企合作这种模式的教育,目的就在于培养高素质技能型的人才。但实际上,校企合作背景下,学生的教育管理还不够成熟,严重影响了校企合作对学生培养的实际成效。因此,探索学生管理工作,成为高校和企业迫切需要解决的问题。

一、学生进入企业前后的管理工作

(一)学生进入企业前

学生进入企业前,要进行培训。很多实习生下企业前大多抱着美好的期待和从学校解放的心情,未曾想过学校的生活与社会、工作生活是存在很大的不同的,主要表现在与人交往方面以及对于自己的定位不准,故而在下企业后的前几个月会出现不适应,甚至会经常产生离开单位的想法。因此,学校要针对学生下企业后出现的若干问题,对学生进行引导教育,使得学生做好下企业后的思想准备,勇敢地应对下企业后出现的种种问题,以更积极向上的心态解决这些问题。

首先,使得学生明确校企合作的意义和目的,激发学生学习动机。其次,使得学生明确校企合作学习方式的目的、意义,并结合他们的工作岗位特点有针对性地进行深入细致的顶岗实习前教育和培训,提高学生对企业和岗位的认识。再次，学生离校实习前，要求严格签订好相关的"协议书"和"保证书"，加强学生对实习期间安全、法制等方面的重视。

（二）学生进入企业后

1. 建立学生的个人档案

在校企深度合作的背景下，交替的工学结合的培养模式，使得学生不断地变换着自己的角色，这个时候，学生的思想和心态很容易产生波动。社会上一些好的与不好的方面，都会或多或少影响到学生的人生观和价值观的形成。

2. 辅导员要转变好角色

辅导员是学生的直接管理者，在校企深度合作的背景下，辅导员所发挥的作用显得尤为重要。学生在学校学习期间，辅导员按照学校的常规方法、规则来管理学生。在学生进入企业实习后，既有"学生身份"，又有"员工角色"，双重角色能使学生的内心产生一些变化，学生既为进入真实的工作岗位感到激动，又为离开熟悉的学校感到忐忑不安，在这全新的环境中，学生往往容易忽视学校的管理和指导，造成他们不遵守企业和学校对顶岗实习的安排和管理。因此，辅导员则需要转变好自己的角色，由学校的管理规章下转变为按照企业的运作要求和文化内涵来管理学生。

二、校企合作中学生管理工作创新

（一）校企联手寻求灵活有效的心理教育模式

根据校企合作模式下学生的心理特点，我们要寻求灵活有效的心理教育模式，这种模式应该贯穿学生的整个学习生涯，分为实习前、实习中和实习后三个阶段。一是要建立心理疏导机制。在实习之前，有些学生可能会对实习不理解，不认同学校的安排，认为学生就应该在校园里多学习知识。另外还有个别学生踌躇满志，向往社会，向往工作，实习满足了他们开拓新天地的渴望，但又感到自己缺乏专长，缺乏竞争力，对即将面临的实习感到恐慌。基于这种情况，应建立起一套完整的心理疏导机制，即从院领导到相关教师再到辅导员都必须重视学生的心理波动。耐心讲解实习的目的、意义，使学生能够以更成熟的思维方式去分析问题、解决问题。学生在校期间，应发扬传统教学模式的优势，多开展各种学生活动，使学生学会如何与人交流，如何正确认识自己，形成积极向上和乐观的生活态度。二是要建立心理互助小组。这主要是针对在企业实习的学生。把去同一家企业的学生编成一个或多个心理互助小组，每个小组定期举行活动，在活动中大家可以互相倾诉烦恼，也可以共同分享快乐，通过这样的方式，使每个学生都能获得心理上的安慰，避免心理疾病的发生。三是建立信息联络员制度。在实习期间，选择一些责任心强、善于与人沟通的学生作为联络员，这些联络员通过网络、手机等多种方式将实习情况及时反馈给辅导员或相关企业的管理人员。四是建立有效的沟通机制。这种沟通是多方面的，包括辅导员、相关教师和企业指导老师的沟通；辅导员与企业实习学生的沟通；企业负责人与学校负责人之间的沟通等，及时解决学生遇到的心理难题。五是健全实习结束后的心理辅导机制。学生结束实习返校，辅导员及相关教师可采取总结报告、座谈讨论、个别谈心、评比竞赛等方式，引导学生结合实习，搞好分析总结，并注意在今后的学习、工作中不断改进、提高。这样，校企合作模式下学生管理工作才能产生实际效果。

（二）校企合作形成创新的学生管理机制

学生管理工作是一个复杂的过程，它不仅涉及学工系统，而且从学院的角度出发，全院的行政系统都应是实施学生管理机制的主体。各级院领导应充分重视学生管理工作的重要性，切实加强对学生管理工作的领导，做到职责明确，体制健全，形成一套行之有效的管理机制。校企合作模式注重学生实践能力的培养，使学生在校期间就能尽早地进入企业学习。相对来说，学生在校内的时间缩短、在校外实习时间变长，使学生管理工作和思想教育工作的难度增大。笔者所在的计算机科学与工程学院推行学生工作辅导员制，同时，学院院长、分管教学工作副院长、分管学生工作副院长都参与到学生管理工作中来。为了让广大教师更好地了解学生、理解学生、关爱学生，使其真正做到既"教书"又"育人"，使教学工作与学生管理紧密结合，开始实施主要教师（包括校内教师和企业培训师）参与学生管理制度。有了这项制度的保障，辅导员与主要任课教师经常沟通交流，对于学生学习、工作、生活状态有了更深入全面的了解，便于发现学生存在的问题，有针对性地进行辅导。

学生管理机制不能忽视学生自我管理的重要作用。特别是进入高年级阶段，学生的自我管理显得尤为重要。此时学生对自己的未来进行了规划，形成了较为成熟的想法，需要朝着个性化的道路发展。学生自我管理并不是指学校和辅导员对学生不再进行管理，而是学校通过宏观调控，完善各项规章制度，培养学生自我管理的能力；而当学生在自我管理的过程中出现问题时学校和辅导员及时给予帮助和指导，学校就像一只看不见的手，从总体上控制和把握学生管理工作。这大大提高了学生自我思想的转化和良好行为习惯的养成，提高了学生的管理能力，让学生能够更快适应企业的生活，适应社会。

学生管理的激励机制也是必不可少的。学校可以通过与企业联手设立各种奖学金，组织各种优秀学生的选拔比赛等。鼓励学生以企业的实际项目为课题进行创新研究；结合校内课程学习成绩，由学校与企业共同考核确定；优秀毕业生可优先被企业录用；实习期间由企业考查选拔储备管理干部人选。

校企合作模式下学生管理方式需不断创新。由于学生所处的学习环境发生了变化，不再是单纯的学校环境，很多传统的管理方式因为时间、地点、人数等原因无法正常开展。所以，仅仅通过谈话、沟通等传统方式是不能达到良好的管理效果的。因此，学生管理人员（主要是辅导员）可以定期到不同的实习单位走访、通过网络等方式了解学生实习生活的情况，及时解决学生思想、心理问题；在活动组织上也应根据企业情况、学生时间情况等因素以灵活形式进行。学生管理工作不仅仅是学校的工作，更应得到企业的支持和配合。企业应配备专人负责学生的管理工作，定期开展企业文化、职业道德等方面的宣传和教育，帮助学生既练技能，又学做人。校企双方形成教育合力，搭建全员、全社会育人的架构，提高教育管理工作的实效性。

（三）校企文化融合尝试新型的教育理念和管理手段

校企合作模式必然会带来校园文化和企业文化的融合。学校应扬长避短，充分发挥企业文化的积极作用，可以引导学生针对自身的问题进行改进。学生在学校文化的氛围中形成了积极向上的人生观、价值观，在接受企业文化的过程中学会了与人沟通、与人合作等能力，从而使学生在学习知识的同时也学会如何做人。在学生管理模式上可以参照企业的组织模式设置班委，以企业的管理模式实行"总经理（班长）负责制"，按照企业的制度制定班级规章制度，结合企业和专业的特点规划班级活动，以项目的形式组织班级活动，从而使学生在校期间就能感受企业文化氛围，帮助学生毕业后更快适应企业的工作。

第三节　休闲体育教育校企合作的运行管理

运行管理是休闲体育教育校企合作管理工作中重要的一部分，也是保证学校和企业完成合作教学的主要过程。

一、分析人才需求，开展招生招工

（一）确定用工岗位

确定合作企业以后，学校和企业一起研讨，对企业的人才需求进行分析，具体包括各岗位的在职人员数量、目前技能水平的现状、过去每年各岗位的招聘人数，根据企业的生产规模和发展规划，科学预测各岗位人才的需求量，以及各岗位的技能要求发展状况，撰写该企业的人才需求分析报告，从中确定企业的哪些岗位符合学校的专业设置和国家职业标准，将这组岗位确定为校企双制班学生毕业后的工作岗位。

（二）制定人才培养目标

在确定了校企合作的工作岗位群之后，学校专业骨干教师需深入企业，与各岗位现职人员深入交谈，记录调研数据，撰写工作分析报告。对这若干个岗位进行更详细的职业与工作分析，可借助鱼骨图等分析工具，罗列每一个岗位的具体能力要求，包括胜任该岗位所学知识与技能、工作素养、通用能力等，在此基础上描述人才培养的具体目标。

（三）组建试点班级

确定了人才培养目标后，就可开展招工招生的工作，常见的有下列三种情形：第一，企业通过社会招聘确定一批准员工（或从在职员工中组合一批人员），输送到学校作为正式学生共同培养。第二，学校完成新生录取后，企业在学校的新生班级或二年级的班级中招聘准员工，重组成为校企双班制。第三，在招生前期，企业与学校一起开展招生招工。在招生招工过程中，可以通过宣讲会、现场会等形式对学生进行招聘动员，使学生了解企业，从而踊跃加入校企合作班。

二、分析学习任务，开发课程内容

（一）分析学习任务

在正式组建了校企合作班以后，专业教师需要召集企业相应岗位的在职人员开展访谈会，各与会人员罗列岗位的代表性工作任务，汇总典型工作任务，确定一体化课程，编制教学计划表等分析工具对各代表性任务进行分析，从而挑选出合适的学习任务。学习任务的设置既要考虑通用的技能，满足该专业国家休闲体育职业标准的要求，又要考虑企业的专项技能，以实现与岗位的零距离对接。

（二）分析课程概要

确定了课程列表后，专业教师与企业共同分析每门课程的实施情况。一般来说，通用知识与技能主要由学校的专业教师任教；企业特有的专项技能主要由企业派出工程技术人员作为兼职教师任教。因此，校企合作班的任课师资队伍肯定是校企双方共同组建的。在制订教学计划的同时，需要规划好各门课程的任课教师，为教学实施提供师资保障。

（三）开发课程内容

确定了课程概要以后，专业教师召集企业相应岗位的在职人员，利用学习任务描述表，一起对各学习任务进行分析并做出具体的描述，将岗位工作任务的内容、过程、标准及组织形式等转化为课程的学习目标、学习内容、参考性学习任务及其基准学时、教学实施建议和考核评价要求等，进而汇编成课程标准。课程标准是人才培养方案的重要组成部分，是教学实施的基本依据。

三、分析实施要求，开展课程教学

（一）确定教学实训场所

确定了课程标准后，专业教师与企业共同分析每门课程的教学资源。通常来说，通用技能的实训，主要在学校内的实训室进行；企业特有的专项技能，一般在企业内的生产车间完成。因此，校企合作班的教学资源必然是校企双方共享的，这是提高教学效率的有效途径。在确定教学计划表的同时，不但要确定每门课程的任课教师，由学院安排还是企业安排，还要确定每门课的教学场所。这是校企合作班人才培养方案的另一个重要组成部分，通常被列入校企合作办学的协议中，以增强对教学资源的保障。

（二）组织课程实施

确定任课教师和教学场所后，开始进入课程组织实施过程。校企合作班的课程教学实施与非试点班的课程教学实施没有本质的区别。他们都是按照工学一体原则，在工作页的引导下，以学生为中心，通过自主探究、小组协作、以工作过程为教学的组织流程，通过完成学习任务获得知识、技能和工作素养，并从工作总结与反馈中获得知识的系统提升。具体的教学活动策划一般包括每一教学活动阶段的学习内容、学生学习活动、教师教学活动、学习资源准备、学习时间、学习场地等。

（三）监控与管理实施过程

教学实施过程的监控与管理，与非试点最大的不同在于：除了基于校园文化的校纪校规以外，还基于企业文化的生产管理规范。因此，校企双制班的管理团队也是校企共同组建的，在校期间以校内的教学管理为主，在企业期间以企业管理为主。双方对学生进行过程考核，且每个学期一起对学生开展休闲体育职业能力测评，测评结果用于修正今后的教学实施。

参考文献

[1] 席玉宝, 由文华. 休闲体育设施与管理 [M]. 北京: 高等教育出版社, 2021.

[2] 李倩, 朱建红. 我国休闲体育发展现状与产业化管理研究 [M]. 北京: 北京工业大学出版社, 2021.

[3] 李志灏. 休闲体育的理论研究项目指导与产业管理 [M]. 北京: 经济管理出版社, 2021.

[4] 陈俊言, 易勤芳, 陈竹. 城市休闲体育发展研究 [M]. 武汉: 湖北科学技术出版社; 长江出版传媒, 2021.

[5] 翁飚. 休闲体育产品设计与开发 [M]. 北京: 北京体育大学出版社, 2021.

[6] 马广卫, 田明, 赵全斌. 休闲体育理论透析及其产业化发展与运作研究 [M]. 吉林出版集团股份有限公司, 2021.

[7] 蒋书君. 多角度视域下现代休闲体育文化理论透视研究 [M]. 长春: 东北师范大学出版社, 2021.

[8] 张树军. 生态文明视域下休闲体育产业融资模式研究 [M]. 北京: 中国商业出版社, 2020.

[9] 王俊. 休闲体育课程体系导论 [M]. 成都: 电子科学技术大学出版社, 2020.

[10] 邵伟, 罗建章, 谢明. 休闲体育项目策划与管理 [M]. 青岛: 中国海洋大学出版社, 2020.

[11] 唐芒果. 我国休闲体育思想变迁研究 [M]. 南京：南京大学出版社，2020.

[12] 梁峰. 现代休闲体育的理论与发展研究 [M]. 吉林出版集团股份有限公司，2020.

[13] 王红亮，高鹏，张俏. 校企合作下高职院校现代学徒制理论与实践研究 [M]. 延吉：延边大学出版社，2022.

[14] 孙健，俞洋. 治理视域下职业教育校企合作模式研究 [M]. 苏州：苏州大学出版社，2021.

[15] 姚迪. 基于层次分析法的高等职业教育校企合作评价指标体系构建研究 [M]. 北京：中国财富出版社，2021.

[16] 于莉，王颖，孙长远. 职业教育校企合作的理论与实践 [M]. 吉林人民出版社，2021.

[17] 包兴婷，欧繁荣. 应用型本科休闲体育专业校企合作模式探索 [J]. 山西青年，2021(18)：8-9.

[18] 刘少英，罗莎莉. 民办高校休闲体育专业人才校企合作创新模式研究 [J]. 大众标准化，2020(21)：212-213.

[19] 欧繁荣，李欣. 民办高校本科休闲体育专业校企合作人才培养模式的实践研究 [J]. 广州体育学院学报，2019(5)：125-128.

[20] 王斌. 长三角地区中职休闲体育专业校企合作发展现状的调查研究 [J]. 现代职业教育，2018(4)：231.

[21] 艾康，刘少英，刘元胜，廖必聪. 校企合作模式下基于康养产业发展的休闲体育专业人才培养研究 [J]. 武当，2023,(6)：91-93.

[22] 沈黔. 休闲体育专业融入校企合作模式探索 [J]. 冰雪体育创新研究，2021(16)：105-106.

[23] 邵洁，王锐，彭龙. 四川高校休闲体育专业校企合作人才培养模式的现状与对策研究 [J]. 体育画报，2022(24)：61-62.

[24] 刘超, 赵芸娜, 何玉龙, 李立波. 基于高校休闲体育专业校企合作人才培养模式的探讨[J]. 丝路视野, 2022(13): 133-135.

[25] 邵伟. 高校休闲体育专业校企合作人才培养模式的实践研究[J]. 当代体育(篮球频道), 2019(13): 138.

[26] 廉鹏飞. 中职学校休闲体育服务管理专业校企合作现状分析与对策研究[J]. 新教育时代电子杂志(学生版), 2018(39): 188.

[27] 季卫霞, 李海诚. 浅谈如何运用校企合作构建中职休闲体育服务与管理专业高效课堂[J]. 现代职业教育, 2018(6): 206.

[28] 季卫霞, 李海诚. 浅谈如何运用校企合作构建中职休闲体育服务与管理专业高效课堂[J]. 现代职业教育(综合), 2018(2).